A TRAVERS
LA KABYLIE

PARIS. — TYP. SIMON RAÇON ET COMP., RUE D'ERFURTH, 1.

A TRAVERS
LA KABYLIE

PAR

M. CHARLES FARINE

CONSEILLER A LA COUR IMPÉRIALE D'ALGER

ORNÉ DE 45 COMPOSITIONS DESSINÉES D'APRÈS NATURE

PARIS

E. DUCROCQ, LIBRAIRE-ÉDITEUR

55, RUE DE SEINE, 55

Droits de reproduction et de traduction réservés

1865

A

MADAME ISABEL R...

Ma chère fille,

En te dédiant ces pages, je ne veux que restituer les emprunts faits aux lettres que je t'écrivais pendant le cours de mon voyage en Kabylie. Et puis ton nom inscrit au frontispice de ce livre, sera, pour lui, comme l'image de la Madone que le pêcheur attache au mât de sa barque avant de se confier à la mer.

Alger, octobre 1865.

Ch. F.

A TRAVERS
LA KABYLIE

CHAPITRE PREMIER

ALGER — LA COTE — LE CAP MATIFOU — DELLYS

L'Afrique, asservie depuis des siècles, tombée dans une profonde décadence, a eu, dans les temps passés, ses jours de gloire et de splendeur. Bien avant qu'on s'occupât de l'Occident, elle avait soutenu sur son sol ou porté sur le sol étranger des guerres acharnées, avec des péripéties diverses de fortune, de victoires ou de défaites ; c'est ainsi que, conquérante, elle a fourni leurs habitants à l'Espagne et à la Gaule méridionale. Elle a donné le jour à de grands génies, Moïse, Hannibal, Origène, saint Augustin, qui ont tracé dans l'histoire leur sillon lumineux.

Son ciel toujours pur, ses rivages caressés par les flots d'une belle mer, ses vastes oasis au milieu de déserts sans limites, ses mœurs patriarcales qui résistent à la civilisation apportée par la conquête, ont inspiré le peintre et le poëte. Cependant tous ces souvenirs ne semblent subsister que pour donner la mesure de son abaissement, et cette partie du globe est encore la moins connue, la moins explorée.

Les peuples anciens qui y jetèrent des armées, qui y fondèrent des colonies, ne connurent que le littoral, côtoyé par leurs vaisseaux, ou habité par leurs émigrants. Seuls, les Romains s'avancèrent dans l'intérieur, et l'on retrouve leurs traces éparses sur le sol, depuis les portes du désert jusque dans les vallées qui avoisinent la Kabylie; mais ils ne franchirent jamais ces pics réputés inaccessibles; ils ne soumirent jamais ces peuplades qui, aujourd'hui encore, se vantent de leur indépendance; ils ne cherchèrent pas à pénétrer dans ces déserts mystérieux de l'Afrique intérieure; leurs pieds ne foulèrent ni les cimes neigeuses de l'Atlas, ni les sables brûlants du Sahara; leurs tentes ne s'abritèrent jamais sous les palmiers des oasis inconnues, et c'est seulement, depuis un demi-siècle, que de hardis explorateurs ont osé franchir ces mers de sable pour atteindre les pays lointains desquels on disait, pour ne pas avouer son ignorance, que toute vie y était tarie par un implacable soleil.

Notre ambition n'est pas d'aller rechercher les sources du Niger, ou explorer les plages de la Gambie, ni de demander leurs secrets aux rois de Boudou ou de Bambara : non; nous allons, avec un ami, faire une promenade en Kabylie, pays soumis d'hier, peu connu encore et qui mérite la sérieuse attention du moraliste et du philosophe. Nous ne sommes pas les premiers à décrire cette contrée singulière, aux pentes ardues, que couronnent des neiges éternelles, aux vallées profondes et fertiles que cultive un peuple original qui n'a de l'arabe ni le nom, ni les mœurs, ni le caractère; d'autres, avant nous, ont ouvert la voie[1], mais ils ont laissé une large part au touriste qui voyage, une plume et un crayon à la main, croquant un site par-ci, saisissant un détail de mœurs

---

[1] Le général Daumas a écrit un livre intéressant sur la grande Kabylie. —Voir aussi Devaux, les Kobaïles du Djurjura.

par-là. Et, sans autre but que de voir de près ce pays et ce peuple aussi sauvages l'un que l'autre, nous voyagerons à petites journées, racontant le plus simplement possible ce que nous verrons d'intéressant ; nous décrirons, en passant, quelques-uns de ces paysages rendus célèbres par de chères victoires, et les luttes acharnées dont ils ont été les témoins, et, sans faire d'incursion dans la politique algérienne, nous dirons naïvement au lecteur nos impressions.

Autrefois, quand il publiait un livre, l'auteur, dans une longue préface, faisait connaître son but, ses opinions, ses tendances ; il demandait, avec politesse, l'indulgence de ses nombreux lecteurs, car on croit toujours qu'on sera beaucoup lu ; aujourd'hui, *nous avons changé tout cela,* comme dit Sganarelle ; prosateurs ou poëtes ne croient plus utiles ces salamaleks au lecteur indifférent qui feuillette le volume par désœuvrement ; on entre de suite en matière, botté et éperonné, comme Louis XIV au parlement ; ces façons cavalières sont plus commodes ; elles épargnent, à l'auteur, une main de papier barbouillée d'encre ; au lecteur, qui vous en sait gré, cent pages de cette sotte chose qui a nom préface ou introduction.

Suivons donc la mode ; il est si facile de ne pas écrire

une préface et d'entrer de prime-saut dans son sujet.

Le 10 juin 1864, mon ami M... et moi nous quittions Alger que les Espagnols appellent Argel, corruption du nom arabe djezaïr, les îles. Quatre îlots en effet, reliés entre eux pas une chaîne de récifs, et qui servent à former le port actuel, ont donné leur nom à la ville[1]. Ce n'est qu'au quinzième siècle que les Algériens commencèrent les travaux sur l'ancien port d'Icosium, et construisirent, sur le principal îlot de l'ouest, une tour de vigie et de défense. Les Espagnols s'emparèrent de cette tour, bâtirent à sa place une forteresse, dite le Peñon, hérissée d'artillerie, et y maintinrent une garnison. Ils dominaient ainsi la ville et le port; mais deux fils d'un pauvre raïs de Mételin, appelés par les habitants d'Alger, chassèrent les Espagnols, s'emparèrent du gouvernement et établirent la piraterie. C'étaient Baba-Aroudji et Khaïr-ed-Din, plus connus sous le nom de Barberousse et de Cherredin.

Telle est l'origine de cette puissance maritime qui, pendant trois siècles, sillonna impunément la Méditerranée de la proue de ses chebeks, portant la ter-

---

[1] Les Maures et les Arabes prétendent que l'origine du nom d'Alger est El-Djezir, la guerrière.

reur sur les côtes d'Espagne, de Provence et d'Italie, pillant les navires de commerce, incendiant les villages, enlevant les belles filles pour peupler les harems barbaresques, puis fuyant à tire d'ailes, chargée de butin. A voir cette ville blanche, assise entre de vertes collines, on ne saurait croire qu'elle fût le repaire de ces bandits, et la complice de tous les crimes commis dans son sein : chrétiens forcés de choisir entre le Koran ou le martyre, et pendus par les reins aux crochets de fer de la porte Bab-Azoun ; Arabes rebelles décapités par le yatagan, à la porte Bab-el-Oued [1]; femmes attachées dans un sac de cuir avec un chat et un serpent et noyées dans les flots de cette mer qui caressait de son écume les pieds des mosquées.

Il est impossible de contempler Alger, avec ses maisons aux murs étincelants de blancheur, sans songer au contraste qui existe entre son aspect riant, pittoresque, et sa sanglante et mystérieuse histoire; mais les choses de ce monde offrent sans cesse ces désaccords étranges qui donnent plus de poésie et aussi plus d'énergie à la vérité historique.

Ces réflexions me venaient à l'esprit sur le *Titan* qui

---

[1] Les lieux de supplice étaient différents pour les fils de l'Islam ou les chrétiens.

nous emportait, fendant de son taille-mer les flots d'un bleu profond et laissant derrière lui un long sillage d'écume blanche et un panache de fumée noire.

A mesure que nous nous éloignions, le spectacle devenait admirable; nous passions à travers toute une escadrille de bateaux pêcheurs, aux longues voiles

latines, qui, doucement balancés semblaient des mouettes endormies sur la vague. L'aspect d'Alger devenait éblouissant; les détails s'effaçaient peu à peu et se fondaient dans une masse d'un ton chaud et doré. Bientôt l'œil avait peine à reconnaître une ville dans cette agglomération de maisons sans fenêtres, aux toits en terrasse. Ce vaste triangle, dont la base descend jusqu'à la mer et dont le sommet est couronné par les pittoresques constructions de la Casbah, ressemblait à une immense carrière de marbre blanc ouverte dans les flancs des collines au vert sombre de la Bouzareah et de Mustapha. S'abaissant graduellement, ces montagnes s'avancent dans la mer, comme les cornes d'un immense croissant, à l'ouest jusqu'au promontoire de Sidi-Ferruch, à l'est jusqu'au cap Matifou. Au-dessus de ce cap, se détachent les sommets de l'Atlas qui confondent leurs contours noyés de vapeur avec le fond azuré du ciel.

C'est sur ces pics que nous serons dans quinze jours, en passant par Bone, Philippeville et Constantine.

Quatre heures après notre départ d'Alger, nous étions en vue de Dellys, petite ville, de pauvre apparence, et dont la conquête a coûté à la France de douloureux sacrifices. C'est là en effet que, pour la première fois, nos soldats se sont trouvés en face des Kabyles; cette guerre pour eux fut toute nouvelle. Au lieu de ces nuées de cavaliers fondant sur nos bataillons ou tournoyant autour de nos carrés, les Français cherchèrent les Kabyles renfermés dans les maisons; chaque maison devint une forteresse dont il fallut faire le siége; chaque jardin défendu par des palissades, à l'abri desquelles l'ennemi tirait sûrement et à loisir, dut être enlevé à la baïonnette. Les femmes, dit-on, se battirent avec un sauvage acharnement.

Nous continuons notre route à travers cette mer qui ressemble à un lac suisse, et bientôt, à trois milles devant nous, s'élève un cône isolé, abrupt,

dont le sommet offre la forme d'une pyramide. Ses flancs sont couverts de fortifications, ou neuves ou ruinées. C'est le Gouraya, énorme masse de granit qui dresse sa crête dentelée au-dessus de la ville de Bougie, étendue à ses pieds sur une plage étroite et rocheuse. Nous approchons, et le cône semble grandir encore et nous menacer. La ville apparaît bientôt blanche et coquette, abritée derrière cette muraille de sept cent cinquante mètres de hauteur, aux flancs de laquelle elle grimpe, entourée de verts coteaux.

Nous entrons dans la rade que la nature a créée, d'une étendue et d'une sûreté exceptionnelles et qui est destinée à devenir un des ports les plus vastes et les plus commerçants de l'Algérie, lorsque la route de Sétif par le Chabet-el-Acra aura mis en communication les fertiles vallées de l'Oued-bou-Selam et de l'Oued-Sahel[1] avec le littoral. Notre séjour devant Bougie ne sera que d'une heure; aussi le commandant ne permet pas de descendre; mais, de la dunette de l'arrière, nous voyons très-bien la ville qui, partagée en deux par le ravin de Sidi-Touati, s'offre aux regards d'une façon toute pittoresque. Cette étroite coupure, souvent à sec, déverse dans la mer les eaux pluviales et facilement torrentueuses du mont Gouraya. A sa droite s'élève le quartier de Bridja dont la pointe s'étend dans la mer et forme le mouillage; à gauche, le quartier de Moussa, sur les derniers contre-forts du rocher, ayant pour le défendre la Casbah, comme Bridja est protégé par les feux du fort Abd-el-Kader.

Tous ces travaux ont été refaits depuis 1834, épo-

---

[1] *Oued* veut dire rivière : Oued-Sahel, la rivière du Sahel.

que de l'occupation de Bougie[1]. Cette ville a toujours été, à raison de sa situation, l'objet des convoitises de tous les conquérants de l'Afrique. Les Romains y avaient établi une colonie militaire, Salvæ Colonia; et une inscription, découverte il y a quelques années, fixe les doutes au sujet du nom qu'elle portait. Boga, Choba, Rusucurrum avaient tour à tour été placées à Bougie; mais on est certain aujourd'hui que la ville portait le nom de Salvæ. Un vieux mur d'enceinte d'un développement médiocre, quelques ruines témoignent du peu d'importance de cette cité. Il en est de même de tous les vestiges romains épars en Kabylie; ils prouvent tous une occupation incomplète[2].

Au cinquième siècle, Bougie est envahie par les Vandales; et Genséric, appelé par le comte Thibaut pour le soutenir dans sa querelle avec Rome, s'y établit jusqu'à la prise de Carthage. Au septième siècle, l'invasion arabe, partie de l'Yémen, le Koran d'une main, le sabre de l'autre, ravage l'Afrique et la conquiert depuis l'Égypte jusqu'au grand Océan qui baigne les côtes du Maroc. En 708, Bougie est prise d'assaut

---

[1] Les Turcs, qui l'occupaient avant notre arrivée, laissaient la ville et les fortifications tomber en ruine.

[2] Bougie fait partie de la petite Kabylie par les bas bors.

par Moussa-ben-Nocéir qui fait massacrer tous ses habitants. Les ténèbres de l'histoire la couvrent de leur voile jusqu'au quatorzième siècle qu'elle est détachée de l'empire berbère par Igremor-Solthan, qui la donne à son fils Abd-el-Aziz. Pendant deux siècles, elle est le siége d'un petit royaume indépendant. La piraterie la fait puissante ; le commerce la fait riche ; mais au commencement du seizième siècle, la décadence commence et, sous le règne d'Abd-el-Hamet, elle est emportée de vive force par l'armée de Pierre de Navarre qui, peu de jours avant, était sorti avec sa flotte de l'un des ports des Baléares pour l'assiéger. En 1512 et 1514, elle résiste à deux assauts de Baba-Aroudji et Khair-ed-Din[1], hardi capitaine d'aventure, devenu, par son audace, par la terreur qu'il inspira, par le prestige de ses succès, pacha d'Alger. Mais, en 1545, quarante-deux ans plus tard, elle est attaquée par Salah-Raïs, successeur de Baba-Aroudji, dont vingt-deux galères bloquent le port. Une armée nombreuse de Turcs et de Kabyles assiége les remparts. Bougie, dont les forts Moussa et Abd-el-Kader sont démantelés, dont les défenseurs ne sont plus assez nombreux pour la garder, est forcée de se rendre après

---

[1] Dont nous avons fait Barberousse et Cherredin.

une lutte de vingt-deux jours. Le gouverneur, André de Peralta, au lieu de s'ensevelir sous les ruines, signe une honteuse capitulation qui ne garantit pas même à la garnison les honneurs de la guerre. Il obtient la vie sauve pour lui et quelques-uns de ses familiers; tout le reste est passé au tranchant du cimeterre. Peralta, reconduit en Espagne, va porter une justification impossible de sa lâche conduite aux pieds de Charles-Quint qui le fait juger et condamner comme traître à la patrie, et sa tête tombe sur la place de Valladolid.

Bougie se dépeuple sous le gouvernement turc; le commerce s'anéantit par suite de l'état d'hostilité continuelle avec les tribus kabyles, et cette ville en ruines n'est bientôt plus que le refuge d'audacieux bandits qui attire souvent l'attention des peuples de l'Occident. C'est dans ce triste état de délabrement que les Français la retrouvent lorsque l'escadre, partie de Toulon, le 22 septembre 1833, sous le commandement du capitaine de vaisseau Parceval, entra dans la rade avec le corps expéditionnaire chargé de s'en emparer.

CHAPITRE II

BOUGIE. — MOHAMED-OU-AMZIAN, MORT DE M. DE MUSSIS

Bougie, défendue par les habitants et les Kabyles, descendus à l'appel des Bougiotes et attirés par l'espoir de la victoire et du pillage de la flotte, fut prise après de sanglants assauts; nous ne dirons pas cette guerre de rues, de maisons qui dura trois jours, pendant lesquels de féroces représailles eurent lieu de part et d'autre. En parcourant la grande Kabylie, nous décrirons un de ces combats acharnés de la campagne de 1857, et qui fera connaître le degré d'énergie, de courage aveugle, de férocité implacable de ce peuple kabyle. Je veux toutefois raconter un épisode de cette possession de Bougie et de ses environs : l'assassinat de M. le commandant Salomon de Mussis, en 1836. J'inscris ici ce souvenir, parce qu'il m'a été raconté sur place par Bel Kassem, l'un des témoins de ce lâche attentat.

Les négociations entamées avec les tribus qui avoisinent Bougie, les Messaoud et les Beni-Mimoun, fréquemment interrompues par des meurtres de nos compatriotes et des coups de main des Kabyles, venaient d'être rompues tout à fait par le colonel Larochette, lorsqu'il fut rappelé à Alger, et le commandement provisoire fut donné à M. le chef de bataillon Salomon de Mussis. Saad-Oulid-ou-Rabah, plus connu sous le nom de cheikh Saad, qui avait organisé la défense de Bougie en 1834, et qui nous avait si longtemps combattus, venait de mourir, et Mohamed-ou-Amzian, son frère, lui succédait dans sa dignité de cheikh et dans son pouvoir. Ce nouveau chef nous déclara franchement la guerre. « Je vous préviens, écrivait-il à M. Larochette, que mon intention est de vous combattre; ne comptez plus sur la paix, car, je vous le déclare, c'est désormais une guerre à mort. » Et tout en rompant avec nous, il ne cessait de solliciter des cadeaux en envoyant les siens. « Je vous envoie un petit sanglier, disait-il en post-scriptum de cette même lettre, afin que vous remettiez en échange, au porteur de ce message, un moulin à café et du tabac à priser. Envoyez-moi en cadeau du calicot et quelques pains de sucre. » Ce trait de mœurs peint bien la race kabyle. Son présent fut refusé.

Quelques jours plus tard, Amzian écrivait encore : « Toutes les tribus musulmanes sont réunies pour faire la guerre ; le paradis est le prix du sabre, et nous vous combattrons avec une grande joie. Les Kabyles se rasent la tête, parce qu'ils n'ont pas peur de la mort, et ils ont le crâne extrêmement dur ; ainsi tenez-vous pour avertis, car avant peu nous vous attaquerons, *in cha allah*, s'il plaît à Dieu[1]. Écrit par ordre de Mohamed-ou-Amzian. Dieu donne la gloire aux musulmans et extermine les Français ! » Cette fois, il ne demandait pas de cadeaux.

L'attaque eut lieu, en effet, quelques jours plus tard, et un grand nombre de tribus vinrent faire le coup de feu contre nous. Mais elle échoua devant le courage de nos troupes et, disons-le, contre les murailles qui les protégeaient ; car la garnison était trop peu nombreuse pour tenir contre une armée dix fois plus forte qu'elle

---

[1] Cette expression est très-usitée par les Arabes ; ils l'ont sans cesse à la bouche. C'est le fatalisme musulman.

et animée d'un courage féroce. Aussi le cheikh adressa-t-il une nouvelle lettre au gouverneur de Bougie, lettre qui fut trouvée aux avant-postes, attachée à une lance fichée en terre.

« Si vous êtes Français, vous viendrez dans la plaine vous mesurer avec nous. Vous ne devez pas nous tirer des coups de canon et de fusil derrière vos remparts; si vous êtes des gens de cœur, vous quitterez vos murs et marcherez contre nous; sinon vous êtes tous des juifs. »

M. Salomon de Mussis voulant à son tour jouer un rôle politique, et espérant amener les Kabyles à signer un traité de paix, essaya de renouer les négociations. Dans ce but il tenta un rapprochement entre lui et Mohamed-ou-Amzian. Après de nombreux pourparlers, pendant lesquels les Kabyles avaient renouvelé leurs attaques contre nos blockhaus du mont Gouraya, une trêve fut conclue; toute hostilité aurait dû cesser dès ce moment de part et d'autre; cependant des escarmouches avaient lieu, et nos avant-postes étaient menacés. Ce fut dans un de ces engagements qu'un Kabyle qui s'avançait sans armes vers la ville fut tué d'un coup de feu par une sentinelle. Il fut reconnu par un jeune Bougiote pour un marabout, ami d'Amzian qui lui avait donné l'anaya[1]. En apprenant la mort de celui qui était placé sous sa protection, Amzian, dans le premier moment de la colère, fulmine des menaces contre les meurtriers. Mais bientôt il comprend que la dissimulation l'amènera plus sûrement au but qu'il se propose, et il envoie demander des explications au commandant de Bougie. Celui-ci, ignorant l'importance que les Kabyles attachent à cette vieille coutume de l'anaya, irrité d'ailleurs des attaques incessantes dont la garnison est l'objet, renvoie avec dureté le messager de Mohamed. La paix, dès lors, n'est plus possible. Les Kabyles demandent satisfaction du meurtre du marabout, du mépris de l'anaya; et Amzian qui veut se faire pardonner ses relations avec les chrétiens, jure de venger la mort de son ami. Pour suivre son dessein, il cache sa haine sous des semblants de courtoisie et prépare un guet-apens dans lequel M. de Mussis, désireux de la paix, va tomber infailliblement. En effet, une entrevue est demandée par Amzian qui, arrêté au bord de la Summam, entouré de quelques cavaliers seulement, semble attendre la réponse. M. de

[1] L'anaya est un sauf-conduit que les Kabyles s'accordent, et qui fait respecter de tous celui qui en est porteur. (Voir plus loin.) L'anaya est quelquefois un objet appartenant à celui qui le donne, un bâton, un chien connus des villages kabyles.

Mussis, malade, hésite à descendre dans la plaine. Le cavalier qui a apporté le message lui souffle perfidement que les Fénaias et les Mézaias, deux tribus puissantes, ont relevé le mezrag des mains d'Amzian[1], et que la guerre déclarée avec le cheikh Mohamed doit le rassurer sur ses dispositions. Enfin, M. de Mussis, qu'une fatalité étrange semble entraîner à sa perte, écrit à Amzian : « Si tu veux faire la paix avec moi, viens ce soir, à six heures, à la Maison-Crénelée, nous parlerons de nos affaires et tout s'arrangera à l'amiable; mais il faut de la franchise et point de détours. »

Le cavalier part, porteur de cette lettre, et Amzian qui tient enfin sa vengeance, envoie prévenir les chefs des Fénaias qui le gourmandaient de son inaction, que la journée ne s'écoulera pas que le meurtre d'Abd-er-Rhaman, son ami, ne soit puni. Ceux-ci se hâtent de se rendre auprès de lui.

Le soir venu, M. de Mussis descend à la Maison-Crénelée, accompagné du kaïd Médani, de l'interprète Taponi, de l'Arabe Bel-Kassem et du sous-intendant

---

[1] Le mezrag est un gage que les tribus s'envoient pour assurer la paix, et qu'elles retirent lorsque la guerre est déclarée entre elles. Ordinairement c'est un burnous ou une lance. Ne serait-ce pas un souvenir de cette coutume romaine qui consistait à envoyer un héraut lancer, en signe de déclaration de guerre, un javelot sur le territoire ennemi.

militaire Fournier qui veut traiter avec notre futur allié de l'approvisionnement de la ville. Amzian n'est pas au rendez-vous et refuse d'avancer jusqu'à la Maison-Crénelée. De nouveaux pourparlers ont lieu entre les cavaliers de l'escorte d'Amzian et les kodjas[1] du commandant. Le kaïd Médani se porte en avant et reconnaît parmi les cavaliers avec lesquels il parlemente des chefs de la tribu des Fénaias. Il rejoint M. de Mussis et lui conseille de ne pas avancer : « Il y a des figures inconnues et qui ne présagent rien de bon. » De son côté, Amzian répond à l'interprète Taponi qu'il craint une embuscade, qu'il voit luire des baïonnettes dans les broussailles, et il réclame le choix d'un nouvel emplacement pour l'entrevue.

On s'accorde enfin : le lieu de la réunion est fixé au bord de la mer, près de la tour du rivage. Le commandant n'a auprès de lui que Médani, Bel-Kassem, le capitaine Blangini dont la compagnie est placée à quelques cents mètres, et le sous-intendant Fournier. Deux soldats, porteurs des cadeaux destinés à Amzian, sont aussi là, sans armes. Le cheikh s'avance, suivi de quelques cavaliers, laissant en arrière, mais

---

[1] Secrétaires.

à peu de distance, le reste de la troupe qui l'a accompagné. Il vient à M. de Mussis, et après les salamaleks d'usage, il lui dit que cette entrevue met le comble à ses vœux. Le commandant lui remet un burnous rouge et une pièce d'étoffe. Des pains de sucre et du calicot sont distribués aux cavaliers d'Amzian, restés à l'écart. Le café, préliminaire habituel de toute entrevue, est servi et la conférence commence, bien que, d'un tacite accord, tout le monde soit resté à cheval. Les protestations d'amitié, les poignées de mains sont prodiguées. Cependant les cavaliers d'Amzian se rapprochent et manœuvrent de manière à séparer M. de Mussis de son escorte. Parmi eux, un jeune homme, à figure grave, porteur d'un tromblon, sourit au commandant qui s'approche de lui et lui donne cinq francs. A ce moment de Mussis s'aperçoit qu'il est isolé des siens, et ses regards inquiets dénotent sa préoccupation. Amzian le remarque, et craignant que la conférence ne se rompe, il fait un signal. Le jeune homme se penche sur l'arçon de sa selle, arme son tromblon et l'appuyant dans les reins du commandant, il presse la détente et fait feu. M. de Mussis tombe en avant, et trois coups de fusil, tirés à bout portant, le renversent de son cheval, la colonne vertébrale brisée;

la mort a dû être instantanée, et il n'a ni la force ni le temps d'appeler à son secours. L'interprète Taponi se précipite en avant, et reçoit plusieurs balles mortelles ; le kaïd Médani, qui était descendu de cheval, est blessé deux fois. M. Blangini échappe aux projectiles, mais il est renversé d'un coup de crosse de fusil ; cependant il ne perd ni son sang-froid, ni son courage ; jeté sous les pieds des chevaux, il appelle aux armes les soldats de sa compagnie qui accourent et le sauvent lui, le kaïd, M. Fournier et les soldats qui ont servi le café, d'une mort certaine. M. Blangini, remis sur pied, disperse ses soldats en tirailleurs et dirige le combat ; mais Amzian n'a voulu que se venger par l'assassinat et non combattre loyalement. Il fuit, suivi de ses cavaliers, et quelques coups de canon tirés de la Maison-Crénelée donnent des ailes à ses chevaux, en accélérant leur fuite. Ils entraînent avec eux les montures du malheureux commandant et de Taponi ; et le lendemain, Amzian, tout glorieux de son exploit de la veille, se promenait dans les tribus sur le cheval de M. de Mussis.

Mais les Kabyles eux-mêmes réprouvèrent ce meurtre qu'ils qualifièrent de félonie, et, dans une tribu, les habitants jetèrent à la face d'Amzian cette grave injure, d'assassin, qui reçoit des présents d'une main et donne la mort de l'autre. Le mépris fit justice de la traîtrise de ce misérable qui disparut du pays. On ne sait ce qu'il est devenu.

CHAPITRE III

DJIGELLY — STORA — PHILIPPEVILLE

Le *Titan* lève l'ancre et continue sa route; en quelques heures nous sommes devant Djigelly, l'Igigeli des Romains. On trouve encore dans la ville les traces de leur séjour, entre autres, le pavé en mosaïque d'un temple.

La ville est petite, bâtie en pointe sur un promontoire. Le pays qui l'entoure, et que nous apercevons en longeant la côte, est cultivé et paraît fertile. Les hauteurs sont boisées : Djigelly se compose de quelques maisons que surmontent l'hôpital et la caserne, reconnaissables à leurs dimensions. Quelques maisons arabes, d'apparence misérable, sont groupées autour de la mosquée dont le minaret élancé se détache sur le flanc du rocher. Quatre blockhaus, reliés entre eux par une muraille, forment toute la défense de la place. Le vent d'ouest soufflait avec violence, et l'état de la mer ne permettait pas un long séjour dans cette rade peu abritée et qu'il serait facile de rendre sûre en exécutant le plan de Duquesne; ce plan consistait à relier entre eux les îlots du port par des maçonneries, en les prolongeant par un môle.

Djigelly fut pris en 1664 par la petite armée du duc de Beaufort : on ne trouva, dit la relation véritable[1], dans la ville abandonnée que dix canons en fer, et des maisons si laides et si misérables qu'on pouvait à peine croire qu'elles eussent été habitées par des êtres humains.

Un autre passage de ce manuscrit, dont je citerai quelques lignes, prouve que ce peuple n'a pas changé et qu'il est encore aujourd'hui ce qu'il était alors :

« Plusieurs étaient nus comme la main, d'autres avaient une houppelande blanche qui les couvrait depuis le haut de la tête jusqu'à la moitié des jambes; quelques-uns avaient de longs fusils et des sabres,

---

[1] *Relation véritable des événements*, etc. (Manuscrit de la Bibliothèque impériale.)

la plupart n'avaient que des zagaies d'un bois fort lourd : les cavaliers, habillés comme les fantassins, ont un morceau d'étoffe au bas de leurs jambes pour tenir leurs éperons longs d'un demi-pied. Leurs selles sont pareilles à des bâts, leurs brides ne sont que de méchants filets; tous les chevaux que nous avons vus sont petits et efflanqués; néanmoins ces gens-là les poussent du haut d'une montagne en bas à toute bride. La cavalerie n'osait point s'approcher de nous à cause du canon, mais quand quelqu'un des leurs était tué, ils aimaient mieux s'exposer beaucoup que de l'abandonner [1]. »

Djigelly a été presque entièrement détruit, il y a peu d'années, par un tremblement de terre. La ville se relève de ses ruines, mais il y a encore des quartiers abandonnés et dont les maisons n'ont pas été réédifiées.

Le lendemain, vers midi, nous arrivions en vue de Stora, le Tretum des anciens, après avoir doublé le cap Bougarone; de belles montagnes, couvertes de bois toujours verts, abritent un petit village de pêcheurs maltais, coquettement assis sur le rivage et les premiers échelons de la colline. Stora, autrefois habité

---

[1] Salluste a tracé des Berbères de son époque un portrait qui ne diffère guère de celui-ci; je le citerai plus loin.

par les Romains, n'a conservé d'eux que de belles citernes presque intactes. Une route coupée dans le flanc de la montagne et ombragée d'arbres d'essences diverses, caroubiers, pins, chêne-liége, conduit à Philippeville, qui se dresse au bord de la mer à quatre kilomètres. Mais le peu de fond de la rade ne permet pas aux vaisseaux d'approcher du port qui se creuse en ce moment, et les voyageurs sont obligés de débarquer à Stora.

Philippeville est une ville nouvelle, fondée en 1839 sur les ruines de la colonie romaine de Russicada; elle est donc toute française et les Arabes peu nombreux qui se sont groupés autour de nous ne forment pas le vingtième de la population.

Les Romains avaient habilement choisi ce lieu pour servir de port à leur puissante Cyrta, Constantine d'aujourd'hui, et l'on retrouve encore les restes grandioses de leur établissement. D'antiques et immenses citernes ont été découvertes sur la montagne, et devaient largement approvisionner d'eau Russicada; des statues mutilées, des chapiteaux très-ornés, des fûts gigantesques de colonnes marquent la place de grands monuments. Sur l'un des fûts de marbre, nous avons retrouvé le dessin primitif de quelque enfant romain, qui y avait gravé au ciseau la silhouette d'un *aqua-rius*, porteur de ses seaux. Des fouilles, faites récemment dans une colline, pour agrandir le collége, ont amené la découverte de ruines importantes ; en creu-

sant un tertre, on a mis à ciel ouvert les loges et les gradins d'un théâtre ; l'amphithéâtre est presque entier, et le *proscenium* commence à sortir des déblais[1].

[1] Le *proscenium* est la scène dans un théâtre antique. C'était la plateforme élevée que bornait en avant l'*orchestra*, le parterre d'aujourd'hui et le mur par derrière du fond de la *scena*.

J'ai dit que Philippeville, qui s'élève sur les ruines de la colonie romaine est une cité toute neuve ; elle a de beaux établissements, un hôpital, une caserne très-bien situés et en bel air, une église d'aspect monumental, une large rue à arcades ; en un mot, tous les éléments de ce qu'on appelle une jolie ville, et cependant ces paysages africains, baignés de lumière, cette végétation luxuriante font un étrange effet autour de ces maisons européennes et de ces rues tirées au cordeau ; on se prend à regretter les maisons mauresques crépies de blanc, avec leurs portes basses, leurs fenêtres grillées, leur air mystérieux qui s'harmonisent si bien avec la nature qui les entoure.

Toutefois la situation est bien choisie, et Philippeville, qui compte à peine vingt années d'existence, a pris un rapide développement.

CHAPITRE IV

BONE — LE LION — LES M'ZABITES — HIPPONE L'ÉDONG

Un coup de canon tiré du *Titan* vint nous avertir, M. M... et moi, pendant que nous visitions la ville, qu'il nous restait à peine une heure pour rejoindre le bord. Nous nous embarquâmes sur une yole maltaise, à la proue élevée, qui rappelle les gondoles vénitiennes, et bientôt le navire, mettant le cap sur Bone, où nous nous rendions, gagnait la pleine mer. Les passagers étaient nombreux : magistrats allant aux assises, officiers rejoignant leurs corps échelonnés sur la frontière de Tunisie, où l'insurrection faisait des progrès, kaïds rentrant dans leurs tribus ; quelques dames formaient une société gaie, animée, favorisés que nous étions par le beau temps. Mais, au coucher du soleil, une large bande de pourpre étendue à l'horizon annonçait que la nuit serait orageuse. Les vieux loups de mer hochaient la tête à la vue de ce pronostic trop certain. En effet, la nuit venue, le vent soufflait avec violence, soulevant la mer et inondant de lames le pont de notre bateau ; il y eut un moment de confusion, et chacun chercha un abri dans le carré des officiers ou les cabines ; il y eut aussi beaucoup de mal de mer. Quelques heures de malaise sont bien vite passées, et le lendemain nous entrions dans la belle rade de Bone. Je dis belle, car elle est vaste, mais elle est dangereuse, semée de rochers à fleur d'eau, que cache l'onde perfide. Nous disions adieu aux officiers du *Titan*, dont les prévenances et la gaieté avaient abrégé la traversée, et nous entrions dans la petite rade.

A l'entrée du port, d'énormes roches offrent un spectacle singulier : elles accusent la forme d'un lion gigantesque accroupi, dont le flot caresse les pattes de sa frange argentée ; il regarde la haute mer et, sentinelle avancée, semble défendre la ville. Puis tout à coup il s'efface, et on ne voit à la place qu'il occupait que trois blocs schisteux espacés entre eux. Le vaisseau a marché et la vision s'est évanouie ; on voit bien les rochers qui représentaient cette grande figure, mais c'est vainement qu'on cherche à en recomposer l'ensemble, il n'en reste rien. Du môle j'en prenais un croquis exact le lendemain.

A notre droite s'élève Bone, Beled-el-Huneb, la ville des jujubiers, comme la nomment les Arabes ; un mur crénelé l'entoure, et comme, depuis l'occupation française, la ville a augmenté de population, elle a fait brèche à travers l'ancienne muraille, qui, en quelques endroits, se trouve dans l'intérieur entamée par les maisons. Bone, qui était misérable, s'est, grâce à nous, enrichie et relevée de ses ruines. On a élargi les rues, en y construisant des maisons à l'européenne. De beaux squares garnis d'arbres se sont élevés, et la place d'armes est d'un aspect fort gracieux avec sa fontaine entourée de palmiers, de bananiers et de lauriers-roses. Les maisons de cette place sont à arcades, et sur l'un des côtés se dresse une mosquée élégante, avec une coupole et un minaret où nichent des cigognes. La ville, blanche, coquette, indique l'aisance de ses habitants, français ou indigènes; les israélites surtout sont riches, et la rue Saint-Augustin, je crois, appartient tout entière à une seule famille. Les marchands arabes sont, en général, fort bien vêtus : veste, gilet, culotte, d'une couleur uniforme et claire, sont rehaussés de broderies de soie; une large ceinture d'un ton éclatant, un turban blanc ou bleu, complètent un costume aussi brillant que pittoresque.

La plupart des marchands sont Juifs ou M'zabites. Ces derniers, émigrés du M'zab, ont conservé le costume arabe pur : le haïk, la gandoura ou la culotte à vastes plis, les jambes nues et le turban roulé en cordelettes[1]. Les Juifs portent toujours le turban noir qui leur était imposé du temps des Turcs.

[1] Le *haïk* est un petit burnous à capuchon; la *gandoura* une longue chemise sans manches, souvent brodée de rouge

Quelques rues étroites, bordées de maisons mauresques, renferment tout le commerce indigène. Les artisans, cordonniers, tailleurs, bijoutiers, forgerons, sont accroupis dans de petites boutiques sans fenêtres, et travaillent sur le seuil.

Les marchands d'étoffes, d'objets de sellerie ou de quincaillerie, presque tous M'zabites, ont des magasins un peu plus vastes, où sont empilées pêle-mêle les marchandises les plus disparates. Les M'zabites,

Berbères d'origine comme les Kabyles, habitent dans le Sahara quelques villages, dont le principal se nomme Gardiao, et dont l'ensemble forme l'oasis des Beni-M'zab. Une partie de la population s'expatrie et va s'établir dans toutes les villes de l'Algérie, pour s'y livrer au commerce. Dans chaque ville, ils se réunissent, se groupent dans un quartier, pour se protéger mutuellement, se constituent en corporation, avec un chef, dit amin, nommé par eux. A Alger, autrefois, ils avaient le monopole de certaines industries, telles que bouchers, meuniers, baigneurs, comme les émigrants de Biskra, appelés Biskris, sont portefaix ou conducteurs d'ânes. Ce sont les Auvergnats de l'Afrique ; chaque année, quelques-uns d'entre eux retournent au pays, qu'ils n'abandonnent jamais sans esprit de retour, pour y placer les économies faites dans le commerce avec le chrétien.

Les M'zabites passent parmi leurs coreligionnaires pour être austères, laborieux, loyaux en affaires ; ils suivent une religion un peu différente de celle des Arabes, car ils n'admettent pas la tradition, la Sounna, et ne croient qu'au Koran. Les Arabes les appellent les Krouaredj, les sortants, parce qu'ils se sont placés en dehors de l'islamisme.

J'ai visité la place où se fait le commerce des denrées un jour de marché : c'est chose curieuse de voir de loin cette masse de turbans blancs, de capuchons noirs ou jaunâtres, de chachias rouges, s'agiter, rouler dans un pêle-mêle indescriptible, et, au milieu, ces fellahs venus de la campagne, fièrement drapés dans leur burnous sale et en guenilles, debout ou accroupis devant une paire de maigres poulets ou quelques bottes d'oignons, attendant le chaland dans le plus complet silence. Quel contraste avec les marchés d'Alger, où Maltais, Espagnols, Français même, appellent, sollicitent la pratique en criant à tue-tête, chacun dans leur idiome ou leur patois national. C'est un vacarme, un charivari de cris, d'interjections, de sons inconnus dans la gamme harmonique dont Wagner lui-même serait impuissant à noter le formidable *tutti*. L'Arabe, au contraire, est grave, sérieux, renfermé en lui-même, quoiqu'il n'en pense pas plus pour cela; mais il ne perd jamais sa dignité, il l'exagère même devant le roumi, comme il appelle l'Européen : deux Arabes se rencontrent-ils après une absence plus ou moins longue, ils s'abordent froidement, s'embrassent mutuellement l'épaule, se touchent la main, qu'ils portent ensuite à leurs lèvres en se disant « selam alek, » salut sur toi ; puis ils se font mille souhaits de bienvenue pour eux, s'interrogent sur la santé de tous leurs parents, excepté de leurs femmes ; ce serait une injure de paraître s'en occuper; puis il se quittent gravement, en baisant leurs mains qui se sont rencontrées. On oublie alors les haillons qui les couvrent, pour admirer leur grand air, leurs gestes amples et dignes, lorsqu'ils rejettent en arrière leur burnous troué.

Bone est bien vite visité, et notre séjour ne devait s'y prolonger que pendant le temps nécessaire à une visite à la forêt de l'Edoug et aux ruines d'Hippone. Le lendemain, montés sur d'excellentes mules, appartenant au bureau arabe civil, nous sortions par la porte de Constantine, et le chaouch[1] qui nous accompagnait nous montrait, à quatre kilomètres environ une verte colline demi-circulaire ; c'est là que gisent les ruines de l'antique cité. Nous marchions sur les restes d'une voie romaine. Dans cette belle plaine, arrosée par la Boudjemah et la Seybouse, et après avoir traversé un pont aussi romain, restauré par les Français, nous arrivions à ces mamelons que domine la forêt de l'Édoug. C'est là que s'élevait cette cité d'Hippone

[1] Agent du bureau arabe.

qui, pendant un an, résista aux assauts des hordes vandales commandées par Genséric. Il reste encore des murs, des citernes, que quatorze siècles ont respectés. C'est dans ces lieux que vécut saint Augustin ; c'est dans la basilique, dont on a cru, il y a quelques années, retrouver les vestiges, que retentissait la parole du noble prélat, encourageant les fidèles à défendre leur liberté et leur vie, comme s'il pressentait que cette avalanche de barbares allait emporter dans sa course torrentueuse la foi du Christ ; c'est là, enfin, que s'éteignit ce beau génie, qui consacra la plus longue partie de sa vie à réparer les erreurs de sa jeunesse, en portant la paix et le pardon au chevet des mourants, en pansant d'une main charitable les plaies des pauvres, et sa dernière parole fut une prière en faveur de ses enfants opprimés par l'invasion.

Les ronces, les palmiers-nains, les figuiers sauvages, les cactus recouvrent les traces effacées de cette puissante civilisation romaine, dont Hippone fut une des plus belles émanations ; le site seul est resté admirable : au pied de la colline où fut la ville, s'étend la vaste plaine couverte de cultures variées ; deux rivières l'arrosent et vont, non loin de là, se jeter dans la mer. Hippone avait un port, aujourd'hui ensablé, où les galères, les vaisseaux entraient à pleines voiles, en remontant la Seybouse; il n'en reste pas vestige; mais sur ces ruines informes plane un éternel et grandiose souvenir.

CHAPITRE V

LA FORÊT DE L'ÉDOUG — LA PANTHÈRE — LE LION EN AFRIQUE

Le lendemain, je fis seul une course rapide à la forêt de l'Édoug, accompagné par un spahis du bureau arabe, qui me servait de guide. Après trois heures d'ascension à travers des chemins impossibles, j'entrais en pleine forêt de chênes-liége, et bientôt j'apercevais des ouvriers kabyles, reconnaissables à leur tête nue, à leur costume sommaire, composé d'une chemise sans manches et d'un tablier de cuir. Ils enlevaient l'écorce supérieure des chênes-liége, écorce mâle et dure, afin de permettre à la fine écorce qui constitue le liége de se développer[1].

---

[1]. Cette opération s'appelle le masclage, de *masculus*, mâle, et se pratique tous les sept ans.

Du haut de ces pics élevés j'apercevais un des plus beaux points de vue qu'il m'ait été donné de voir : sur ma tête, des chênes séculaires me protégeaient de leur ombre; à ma droite et à neuf cents mètres au-dessous, embrasée d'une lumière aveuglante, la vallée de Bone; tout au fond, la ville enveloppée d'une brume chaude; à ma gauche, des pics de roche calcaire, des montagnes couvertes de forêts sombres; à l'horizon, la mer d'un bleu intense, sillonnée de barques à la voile latine.

Mon spahis me conduisit à un ravin où coule, entre des roches grises, une eau fraîche et limpide ; son doux murmure semblait convier au repos, et je jugeai qu'une sieste à l'ombre de ces beaux arbres permettrait aux chevaux de tondre l'herbe d'alentour, pendant que s'écoulerait l'heure brûlante de la journée ; mais j'avais compté sans l'hôte... des forêts. Au moment où je vais mettre pied à terre, mon cheval s'agite, tremble, renifle et devient difficile à maintenir. Le spahis lui-même, que j'interroge sur ces symptômes de frayeur, semble pris de vertige ; d'un œil hagard il fixe un point du fourré et me le montre du doigt, sans proférer une parole. Son cheval, ne se sentant plus tenu, s'enfuit à toutes jambes. Je regarde à l'endroit désigné, et j'aperçois, à vingt-cinq mètres au plus, une tête large et plate, de couleur fauve, dont les yeux couleurs d'or me regardent fixement. C'était une panthère de moyenne taille qui venait boire au ruisseau. J'avoue que je n'étais pas rassuré; je n'avais pour toute arme qu'un parasol, arme précieuse contre les morsures du soleil, mais peu rassurante contre les griffes et la dent du félin ; que faire? Fuir, c'était dangereux : en deux bonds la panthère était sur moi, et alors…! Je me souvins à temps de ce que m'avait dit un de mes amis : en pareil cas, si la bête est près, le cavalier n'a rien de mieux à faire que de mettre pied à terre, car elle attaquera toujours le cheval de préférence à l'homme. Ce souvenir passa dans mon cerveau comme un éclair, et j'allais à tout hasard en essayer, mais la panthère avait, d'un pas grave, disparu dans le fourré. Je tournai alors mon cheval, que j'étais parvenu à maîtriser, du côté par où le spahis s'était enfui, et à peine je lui eus lâché les rênes qu'il partit comme un trait. J'eus bientôt rejoint mon guide, qui s'excusa de son abandon en accusant son cheval de l'avoir emporté. C'était possible, mais je crois qu'il n'avait pas fait de grands efforts pour le retenir. Du reste, l'émotion d'une pareille rencontre passée, j'étais satisfait d'avoir vu de près et en liberté un de ces splendides et dangereux spécimens de la race féline. Mon spahis me dit que nous étions heureux de nous en être tirés à si bon compte, car la panthère est plus féroce que le lion ; elle attaque l'homme sans y être poussée par la faim. Du fourré où elle est tapie, elle l'entend venir, elle le guette, elle se poste et s'élance sur lui traîtreusement. Le lion, au contraire, à moins d'être affamé, n'attaque jamais l'homme qui ne le provoque pas. Le guide me raconta que, l'an dernier, un Arabe voyageant seul, se trouva un jour en face d'un lion, et ne pouvant l'éviter, parce qu'ils suivaient tous deux un ravin bordé de roches élevées, il se mit à lui parler : « Que veux-tu, que demandes-tu? Je ne t'en veux pas, passe ton chemin, je suis un voleur comme toi, » et autres gentillesses amicales. Le lion marcha quelques moments côte à côte avec l'Arabe et le quitta sans lui faire de mal. Le soir, je racontai mon aventure au cercle de Bone, et l'histoire du spahis me fut confirmée par plusieurs personnes.

Un officier, qui avait chassé le lion, me raconta, et j'avoue que c'est avec hésitation que je cite le fait, qu'un lion étant entré un soir dans un douar, alors que les hommes étaient encore dans les champs, choisit et emporta le plus beau mouton du troupeau. Les femmes le virent, et, hors d'elles-mêmes, se mirent à accabler le ravisseur de coups de bâton, accompagnés d'injures : « Voleur, fils de voleur, chien, lâche ! n'as-tu pas honte de venir voler de pauvres Arabes, quand tu pourrais trouver ailleurs ! » Et le lion honteux s'éloigna en abandonnant sa proie et en poussant de sourds grognements, comme s'il se gourmandait de sa lâcheté. Ce lion était dans un jour de clémence ou de bonne humeur, mais je doute que tous ses confrères soient aussi patients[1].

Je ne parlerai pas de la chasse du lion, assez d'autres en ont parlé *de visu*, et je ne pourrais que répéter ce qui a été dit bien des fois. En Algérie, la chasse au lion est en grand honneur, car c'est un duel de vie et de mort entre les deux combattants. « Celui qui le tue le mange, dit le proverbe arabe, et celui qui ne le tue pas en est mangé. » Les Arabes donnent à celui qui a tué un lion ce simple mais énergique éloge : *Hadak houa*, « Celui-là, c'est lui. » Pour eux, le lion est le

---

[1] Les Arabes affirment qu'il n'y a rien d'incroyable dans ces récits. L'ascendant du courage, de la fermeté sur les animaux est un fait qu'on ne saurait contester.

roi, le seigneur, el kébir, devant lequel tous se prosternent et tremblent, l'homme excepté. Suivant une croyance très-répandue chez les Arabes, le lion lui-même reconnaît la suprématie de l'homme. Les gens des douars prétendent que lorsqu'il rugit il est facile de distinguer dans son rugissement les paroles suivantes : *Ahna ou ben el m'ra*, « Moi ou le fils de la femme, » et, comme il ne dit qu'une fois *ahna*, « moi, » et deux fois *ben el m'ra*, c'est qu'il ne reconnaît au-dessus de lui que le fils de la femme. L'explication est ingénieuse, *se non e vero*, comme dit le proverbe italien.

De Bone à Philippeville, où nous devions prendre la voiture de Constantine, il y a deux routes : la mer et le chemin par terre ; c'est ce dernier que nous choisîmes, et, partis de grand matin, nous arrivâmes bientôt au bord du lac Fetzara, que nous allions côtoyer pendant plusieurs heures. Ce lac est renommé par la quantité et la variété de gibier aquatique qu'il renferme. Nous vîmes, en effet, des bandes de sarcelles, de canards, voletant et nageant par troupes ; des hérons gris, des cigognes blanches, des flamants roses étaient gravement rangés sur ses bords. Quel beau spectacle que cette riche nature animée par les cris et les mouvements de tous ces charmants oiseaux.

Un jeune pâtre nous offrit un animal à pattes roses, à plumes blanches, de la famille des ibis, et je l'aurais volontiers acheté pour lui rendre la liberté, mais il avait une aile cassée, et ma généreuse intervention ne lui eût point sauvé la vie, car avec son pauvre aileron brisé la dent des rats, des loutres, qui font une guerre acharnée aux hôtes aquatiques et à la gent empennée du lac ne lui auraient pas fait quartier.

Le soir, nous arrivâmes à Philippeville pour nous coucher, et nous en repartions le lendemain au point du jour.

CHAPITRE VI

DE PHILIPPEVILLE A CONSTANTINE

En quittant Philippeville dans une bonne voiture découverte qui nous permet de bien voir, nous traversons un pays fertile, dont les colons de Saint-Charles ont fait un immense jardin. Les plantations de coton, de tabac, les prairies, les vergers égayent la vue; des arbres énormes bordent la route et forment sur le chemin des berceaux de verdure. Mais ces fraîches oasis ne dépassent pas quelques kilomètres, et à El-Kantour, le pays, changeant tout à coup d'aspect, devient désert et sauvage. Nous parcourons une plaine nue, aride, calcinée par un soleil brûlant. Des chaînes de collines grises se dressent devant nous, et à l'horizon s'élèvent de hautes montagnes, dont les cimes azurées donnent de la grandeur à ce paysage austère.

A droite et à gauche, apparaissent, semblables à de petites éminences, les tentes d'un douar, plantées à proximité d'une fontaine ou d'un ruisseau ; puis la plaine se déroule à l'infini, les collines succèdent aux collines, et c'est à peine si l'on aperçoit quelques champs défrichés aux alentours d'un *gourbi*, cabane de terre durcie, sans fenêtres, au toit fait de branchages, établie sous un arbre, qui abrite de son ombre un homme, une femme, des enfants, quelques maigres troupeaux. Cette nature âpre n'a rien d'horrible, elle est triste, silencieuse, voilà tout. Mieux vaudrait sans doute pour le touriste le spectacle de ces vastes déchirements, de ces bouleversements, de ces abîmes qui étonnent et effrayent le regard, que ce pays sans arbres, sans habitants, et qui forme autour de vous une immense solitude. Mais patience : nous commençons à peine notre voyage et la Kabylie nous promet de sublimes horreurs. Au Hamma, qui signifie le pays de la fièvre, car autrefois cette plaine n'était qu'un marais, nous retrouvons, grâce aux Français, une luxuriante végétation, qui se continue jusqu'au village d'Aumale ; de grands arbres bordent le chemin et forment la limite de verts enclos, arrosés par une rivière rapide. Puis, à l'extrémité de cette riche vallée, à dix kilomètres devant nous, apparaît à nos regards, noyée dans une chaude lumière, une immense chaîne de montagnes aux flancs escarpés, et au milieu de l'hémicycle qu'elle forme, un rocher gigantesque, aplati, entouré de tous côtés par le torrent du Rummel, qui roule à mille pieds ses eaux écumantes. Ce rocher isolé ressemble à une île au milieu de la mer [1]. Le sol, composé de blocs calcaires dont la masse s'est détachée de la roche voisine, forme par sa cassure un précipice de trois cents mètres. Des commotions volcaniques auront produit ce déchirement, à travers lequel, de cascade en cascade, le torrent s'est frayé un passage. Cette position, accessible par un seul côté qui relie le rocher à la terre, aura donné l'idée de construire au sommet une ville dont les minarets se détachent dans l'azur du ciel. C'est Constantine, plantée fièrement sur son rocher à pic, contre lequel les armées romaines, vandales, arabes, turques, sont venues, tour à tour, se heurter. C'était la

[1] Les Arabes disent que Constantine est une pierre au milieu d'un fleuve, et, d'après l'avis des Prophètes, il faut autant de Français pour enlever cette pierre que de fourmis pour enlever un œuf du fond d'un pot au lait.

ville puissante qu'Hirtius appelle *oppidum opulentissimum*, la Cyrta de Strabon, que Jugurtha prit par la famine et à laquelle Constantin donna son nom, après l'avoir adjointe à son vaste empire. C'est du haut de cette forteresse que le bey Achmet répondait fièrement au maréchal Damrémont qui le sommait de rendre la ville : « Si tu manques de poudre, nous t'en donnerons, si tu n'as pas de pain, nous t'en enverrons; mais tant qu'un musulman fidèle restera dans ses murs, tu n'y entreras pas. »

En effet, par quelle sanglante victoire l'avons-nous conquise, après l'échec d'un premier assaut, en 1836, et d'une retraite où tant de nos soldats périrent de faim et de misère !

Nous montâmes par une route tracée en lacets, au flanc de la montagne voisine, route faite par l'armée aussitôt après la prise de la ville, et nous entrâmes dans Constantine par la porte que les Arabes nomment *Bab-el-djedid*, et que nous avons appelée porte de la Brèche. C'est par là, en effet, que le 13 octobre 1837, soutenant une lutte acharnée, le colonel Lamoricière s'élançait à la tête des zouaves. C'est dans ces rues étroites, après avoir fait le siége de chaque maison, qu'il parvenait à se maintenir jusqu'à la reddition de la ville, et l'on m'a fait voir, sur cette place, qui aujourd'hui sert de marché et qui alors n'était qu'un dédale de petites rues et d'impasses, le madeneh en ruines d'une mosquée d'où partait une fusillade meurtrière qui ne cessa que par la mort de tous ceux qui s'y étaient réfugiés. Le lendemain de notre arrivée, j'ai parcouru ces lieux témoins de tant de scènes héroïques mêlées à d'horribles douleurs.

J'ai vu l'endroit où la brèche fut escaladée au pas de course par les zouaves, sous une pluie de balles, malgré les éboulements, et au sommet de laquelle le drapeau français fut arboré par le capitaine Garderen. J'ai vu ces rues larges d'un mètre, ces passages sans issue, où nos soldats se heurtaient à des murailles qui vomissaient la mort par toutes leurs ouvertures. J'ai vu ces murs faits de pierres énormes, disjoints par les explosions des magasins à poudre, s'écroulant sur nos soldats dévorés par les flammes. J'ai vu la place où Lamoricière blessé tomba, cédant à regret le commandement au colonel Combes, qui guidait la deuxième colonne d'assaut. Qui ne sait la mort héroïque de Combes, de ce brave frappé de deux balles arabes, se tenant debout, encourageant encore les soldats et ne se retirant que lorsque le succès a couronné leurs efforts. Le colonel Combes eut la force de regagner les batteries de brèche pour rendre compte de la reddition de la place au duc de Nemours, qui avait pris le commandement, après la mort du maréchal Damrémont, tué par un boulet.

La brèche a été fermée, mais l'on voit encore la trace de nos projectiles, lancés par les batteries établies sur les collines du Coudiat Aty, et l'on peut se rendre compte, à l'escarpement des pentes, rendues plus difficiles par les éboulements, de l'énergie déployée par nos colonnes d'assaut, que rien ne protégeait contre les coups d'un ennemi désespéré.

Je voulus voir, le jour même, la Casbah, située au nord de la ville, et qui devait en être la citadelle. Il n'en reste plus aujourd'hui que des citernes qui datent des Romains, et quelques murs d'une église byzantine, bâtie par Constantin. A la place qu'occupait la Casbah, s'élève un hôpital militaire entouré de jardins. Cette citadelle ne fut pas défendue; quand on voulut l'occuper, l'enceinte était déserte; quelques kabyles descendaient les ravins à pic de la montagne, fuyant devant le vainqueur dont ils redoutaient les représailles.

C'est du haut des terrasses de la Casbah, qui surplombent à pic les précipices du Rummel, que des centaines d'hommes et de femmes cherchèrent à se sauver, en attachant des cordes aux pitons des rochers ; mais les cordes se rompirent sous le poids de ces grappes humaines, et tous, hommes, femmes, enfants, roulant le long de ces murailles de granit, se brisant aux anfractuosités du rocher, bondissant dans l'espace, furent précipités dans les profonds abîmes du torrent, et l'on trouva des monceaux de cadavres, recueillis par les soins pieux de nos soldats.

Tous ces rochers qui entourent Constantine sont remplis de souvenirs dramatiques. On m'a montré la roche à pic du haut de laquelle étaient précipitées les femmes adultères. Un jour, l'une de ces malheureuses ut soutenue dans les airs par ses vêtements déployés, et elle atteignit le fond du précipice sans s'être fait aucun mal. Ce hasard ne lui sauva pas la vie, et le bey, dont elle était une des femmes, lui fit trancher la tête. J'ai vu sur la rive droite du Rummel une inscription gravée dans le roc, en mémoire de plusieurs martyrs chrétiens, probablement précipités du haut de la roche. On peut lire encore les noms de Rusticus, Crispus et Marien.

CHAPITRE VII

CONSTANTINE. — LE SIDI-MECID
LE MANSOURAH — LE COUDIAT-ATY — LE PALAIS DU BEY
LES BAINS MAURES

La ville de Constantine, Ksentina, comme la nomment les Arabes, n'est ni belle, ni gracieuse, mais elle a un caractère particulier, original; elle est unique dans son genre[1]. Perchée sur un rocher inabordable, entourée de plateaux rocheux qui la dominent, le Sidi-Mecid au nord-est, le Mansourah au sud-est, et le Coudiat-Aty au sud-ouest, enserrée par le Rummel, qui tourbillonne au fond du pré-

---

[1] Depuis que j'ai écrit ces lignes, j'ai vu la petite ville de Kalaa, en Kabylie, qui est purement arabe et dans une situation plus singulière encore.

cipice[1] et tombe en trois cascades de cent pieds dans la vallée, mêlant le fracas de ses eaux aux cris des aigles, des vautours, des cigognes qui volent au-dessus. Constantine, vue de la vallée, produit un

vague effroi qui ne saurait être décrit. Un magnifique pont romain, dont le deuxième étage, écroulé

[1] Le poëte El-Abdery, qui vivait au septième siècle de l'hégire, compare le Rummel à un bracelet qui entoure le bras : « Le fleuve rugissant au fond du ravin enserre la roche qui supporte la ville, et la défend comme les monts escarpés protégent le nid du corbeau. »

il y a quelques années, a été reconstruit par les Français sur le même plan, El-Kantara, réunit la ville au

plateau du Mansourah par cinq arches de cent mètres de hauteur, sur cent cinq mètres de longueur. Au fond de cette gorge, dont l'œil a peine à mesurer la profondeur, s'étend une vallée que traverse le Rummel et où fleurissent l'oranger, le dattier et le grenadier. Cette petite vallée est luxuriante de végétation tropicale et de fraîcheur.

De toutes les villes de l'Algérie que j'ai parcourues, Constantine est celle qui a conservé le mieux son cachet primitif. La plupart des quartiers sont restés ce qu'ils étaient au temps des Turcs : ce sont toujours des rues sales, tortueuses, bordées de maisons grossièrement blanchies à la chaux, percées d'étroites fenêtres fermées à l'œil indiscret de l'Européen. Les toits sont couverts en tuiles, parce que la rigueur des hivers, sur ces pics élevés, n'a pas permis d'installer des terrasses comme à Alger ou à Bone. Aussi, de loin, ces maisons blanches à toits bruns donnent-elles à la ville un aspect étrange. Mais la partie musulmane de Constantine disparaît de jour en jour. Les Maures riches, les Koulouglis, émigrent à Tunis, abandonnant leurs maisons arabes aux Européens, qui s'empressent de les démolir pour construire de grandes casernes de quatre étages, sans profondeur, percées de nombreuses fenêtres. On ouvre des rues nouvelles trop étroites et trop déclives pour y permettre la circulation des voitures. On gâte la cité

arabe, sans la remplacer par quelque chose de mieux.
Il serait cependant facile de donner à cette ville, qui
semble étouffer sur la plate-forme resserrée que le ravin entoure, de l'air et de l'espace. Il suffirait d'aller
bâtir une nouvelle ville au pied du Coudiat-Aty, qui
est admirablement situé. Constantine serait laissée
aux Arabes, en y maintenant toutefois les services
administratifs et la garnison; on y viendra, et déjà
quelques propriétaires aventureux ont jeté les fondements d'un quartier neuf qui prendra le nom de faubourg Saint-Jean.

Le palais du bey, voisin de la porte de la Brèche, a
été construit, il y a quarante ans au plus, par Achmet,
dernier bey de Constantine, sur le modèle des palais
de l'Orient. Il est occupé par le gouverneur de la province, M. le général Des...[1] qui nous y a fait un accueil
dont le souvenir m'est précieux. Des galeries à colonnes sveltes, soutenant des arcades découpées à
jour, règnent autour de trois jardins, où l'on se promène à l'ombre des citronniers. Des massifs de fleurs,
des bassins de marbre d'où jaillissent des cascades,
rappellent à la mémoire les fantastiques descriptions

---

[1] Aujourd'hui sous-gouverneur de l'Algérie.

des contes arabes qui ont charmé notre jeunesse. Des ibis gravement perchés sur une patte, des cigognes familières, des gazelles en liberté, contribuent encore à raviver ces poétiques souvenirs. La muraille d'une galerie intérieure est ornée de peintures grossières représentant des villes mauresques et portant le nom ambitieux de Stamboul, La Mecque, le Caire, Alger et autres villes de l'Orient; on voit des navires fendant les flots d'un bleu de prusse foncé, des barques à la voile tendue, mais ni barques ni vaisseaux ne portent un homme, car la religion de l'Islam en défend la représentation. Ces fresques sont horribles et ressemblent à ces dessins dont les enfants précoces, gribouillant des bonshommes, salissent leurs livres et leurs cahiers.

On raconte qu'Achmet, voulant orner de peintures les murs de sa galerie, chercha vainement dans Constantine un artiste arabe, maure, ou juif capable de satisfaire son désir. N'en trouvant pas, il eut l'idée lumineuse de confier cet important travail à un prisonnier français, cordonnier de profession, lui promettant la liberté s'il réussissait, la mort, s'il n'obéissait pas à ses ordres. Le pauvre cordonnier, qui de sa vie n'avait touché un pinceau, essaya vainement de décliner un honneur dont il se jugeait indigne.

PALAIS DU BEY

« Tu es un vil menteur, lui dit le bey, tous les Français savent peindre, on me l'a dit ; obéis, ou je te fais trancher la tête. »

Tout tremblant, le cordonnier se mit à l'œuvre; et du laborieux enfantement de son cerveau, sortirent ces fresques bizarres, impossibles, qui barbouillent les murs, dont les soubassements sont garnis de belles faïences peintes et d'encadrements de cèdre découpé. Le pauvre homme n'était pas sans inquiétude, et il attendait, dans les angoisses de la peur, la visite du bey. Il vint, parut émerveillé, et tint parole. Le peintre improvisé était libre, et, rentré dans son harem, Achmet disait à ses familiers :

« Ce chien de chrétien voulait me tromper, je savais bien que tous les Français étaient peintres. »

L'aide de camp du général nous fit voir les chambres qui servaient de harem au bey Achmet. Elles sont peu spacieuses, basses de plafond, assombries encore par des plantes grimpantes qui jettent leur ombre sur les étroites fenêtres. La salle où dansaient les femmes devant leur maître est aujourd'hui un salon orné de drapeaux, d'armes, d'instruments de musique pris sur les Arabes, et qui forment tout à l'entour de pittoresques trophées. Par une belle nuit du mois de juin, assis sur un des balcons du palais, nous entendions dans le lointain cette sublime et lamentable plainte du quatrième acte du *Trouvère,* soupirée par une musique militaire. La brise qui nous apportait les notes mélodieuses s'embaumait au passage, en secouant les orangers des jardins et ajoutait encore à la poésie de cette heure charmante.

A notre sortie du palais du gouvernement, nous allâmes au bain maure pour terminer la soirée. Je ne saurais oublier ces établissements qui sont une curiosité de l'Algérie. Les bains où nous conduisit notre guide sont situés dans la ville arabe. Il était onze heures du soir et la maison, sombre et silencieuse au-dehors, était pleine de bruit et de lumière à l'intérieur. On nous introduisit dans une cour, au milieu de laquelle un jet d'eau fraîche retombait en pluie fine dans une vasque de marbre. Une galerie, sous laquelle sont étendues des nattes et où l'on procède à son dévêtement, règne tout à l'entour. Un jeune garçon vient à vous et vous attache sur les hanches une pièce d'étoffe rouge ou bleue, vous met sur les épaules une serviette, et aux pieds des sandales de bois. Ainsi accoutré, vous passez dans une première étuve où règne une température de vingt-cinq degrés ; c'est déjà fort raisonnable, mais la porte de l'enfer s'ouvre, et vous pénétrez dans une grande pièce voûtée, d'où s'échappe une vapeur brûlante qui vous prend à la gorge et vous étouffe. Vous marchez en glissant sur

les dalles polies par l'humidité jusqu'à une table de marbre sur laquelle l'étuviste vous fait étendre ; vous vous y livrez aux cabrioles d'un chat échaudé. Après quelques instants de séjour dans cette atmosphère bouillante, votre peau brûle, votre gorge se sèche, vous êtes haletant, et la position vous semble bientôt intolérable. Mais peu à peu les pores s'ouvrent, les poumons se dilatent, la respiration revient. Dans les angles de la salle se trouvent de petites chambres où le baigneur vous conduit pour procéder au massage. Cette opération consiste à vous danser sur la poitrine avec les genoux, à vous pétrir les bras, les jambes, à vous faire craquer, avec un bruit inquiétant, toutes les articulations, même la colonne vertébrale, en vous serrant les coudes et appuyant brusquement le genou sur la vertèbre médiale. Pendant ce temps, le jeune M'zabite qui vous chevauche psalmodie une chanson monotone qui, s'unissant à la prostration passagère que cause la fatigue, produit une sensation de bien-être indéfinissable. Puis le masseur vous savonne des pieds à la tête et vous frictionne rudement avec un gant de poil. Cette friction arrête la transpiration et rend aux membres leur élasticité. Une ample ablution d'eau tiède achève l'opération. Alors vous rentrez dans la première étuve, où l'on vous enveloppe de peignoirs d'étoffe pelucheuse en coton ; on vous roule un turban sur la tête ; un burnous complète le costume, et bientôt, étendu sur les nattes de la galerie, enveloppé de chaudes couvertures, vous vous livrez à une sieste délicieuse, en savourant une tasse de café maure. Une heure après, bien séché, dispos, les membres souples, vous rentrez chez vous, et pour toutes ces jouissances un peu cuisantes, si vous avez fait le généreux en donnant deux francs, le baigneur vous appelle « sidi captann ; » si votre folle générosité s'émancipe jusqu'à trois francs, un « selam-aleikoum, sidi commandant, » vivement articulé, chatouille agréablement la fibre militaire, toujours à l'état latent chez nous autres Français. Ces bains sont ouverts nuit et jour ; comme le feu de Vesta, les fourneaux ne s'éteignent jamais.

CHAPITRE VIII

ORDRES RELIGIEUX — LES AISSAOUAS — LES KHOUANS

Il y a tous les vendredis, à Constantine, de grandes séances de khouans Aïssaouas, et tous nos amis nous engagèrent à assister à une de leurs cérémonies. Nous y allons donc, et chemin faisant, un de nos compagnons me donne sur les ordres religieux de l'Algérie, et notamment sur les Aïssouas, les renseignements suivants :

Il existe sur toute la surface de l'Afrique, Algérie, Tunisie et Maroc, de nombreux ordres religieux, auxquels sont affiliés, sous le nom de khouans (frères), tous les hommes importants du pays et spécialement du nord de l'Afrique. Abd-el-Kader, le célèbre émir, qui pendant si longtemps a tenu en échec nos armées, était affilié à l'ordre de Mouleï-Abd-el-Kader-el-Djelali. Tous les chérifs qui, au nom du prophète dont ils se disaient descendants, sont venus agiter les populations, en proclamant la guerre sainte (djedad), et les jeter dans les hasards des combats, sont des chefs de khouans, khaliffa ou mokkadem : c'est-à-dire chef spirituel, ou président de mosquée.

Notre intention n'est pas de faire connaître tous ces ordres, leurs institutions, leurs tendances ; ce serait sortir du cadre que nous nous sommes tracé ; cependant nous voulons dire quelques mots de l'ordre de sidi M'hamet-ben-Aïssa, qui joint à ses prières des pratiques qui nous ont paru de véritables jongleries.

L'ordre de Sidi-M'hamet-ben-Aïssa fut fondé à Meknès, dans l'empire du Maroc, il y a trois cents ans environ. Voici la légende. C'était un pauvre homme, que ce Ben-Aïssa, plein de confiance en Dieu, à qui il laissait le soin de pourvoir aux besoins de sa nombreuse famille, car pour lui il n'avait jamais songé à combattre la misère par le travail ; aussi passait-il plusieurs heures dans la journée en prières à la mosquée ; mais ses prières étaient vaines, et en rentrant chez lui, il entendait les plaintes déchirantes de ses enfants qui, exténués par la faim, lui demandaient du pain.

Un jour, il y en avait quatre qu'ils n'avaient mangé, pendant l'absence de sidi M'hamet qui était sorti pour ne pas entendre leurs cris, en s'enfermant à la mosquée, un inconnu entra dans la maison et remit à sa femme un panier couvert en lui disant : « Prends ceci, c'est sidi Aïssa qui te l'envoie, » et il disparut. La femme découvre le panier ; il contient du mouton, des légumes, des fruits, des galettes beurrées. La pauvre femme s'empresse de préparer le repas du soir, tout en partageant à l'avance quelques fruits entre ses enfants affamés.

Le soir est venu, sidi Aïssa revient de la mosquée ; il marche lentement, il tremble de trouver sa pauvre famille morte d'inanition ; tout à coup il entend les enfants demander de la galette, et la mère répondre qu'il faut attendre le père qui va rentrer.

Sidi Aïssa rentre, soupe gaiement au milieu de ses enfants, sans demander l'origine de ce bien-être inusité ; le lendemain, le même miracle se renouvelle, les jours qui suivent également, et chaque jour les provisions doublent. La femme se plaint à sidi Aïssa de cette prodigalité si disparate avec la misère passée. Et celui-ci de répondre : « Dieu seul est grand, seul il connaît ses secrets desseins ; jouissons de la richesse comme nous avons supporté la misère, et adressons à Dieu nos humbles prières, mais avant purifions-nous par des ablutions. » La femme va à la citerne et au lieu d'eau, elle en retire un seau plein de sulthanis d'or[1].

La nuit suivante, sidi Aïssa eut un songe dans lequel Mohamed, par l'ordre du Tout-Puissant, lui ordonnait de former des prosélytes et lui révélait la formule de la prière.

Le lendemain Aïssa parcourt la ville, cherchant ceux qui, par leur piété, pouvaient devenir ses disciples, et à chacun d'eux il disait : « Veux-tu travailler avec moi ? Viens, je t'apprendrai quel travail tu devras faire. » Et dans sa maison il leur enseignait la manière de prier et de dire son chapelet. Puis il leur donnait de l'or en leur disant : « C'est Dieu qui te l'envoie, n'oublie jamais ses bienfaits ; ne crains rien ; désormais aucun mal ne peut t'atteindre. » Il forma ainsi cent disciples, qu'il nomma khouans ; l'ordre des

---

[1] Le *sulthani* est une monnaie qui n'existe plus. Il y en avait de plusieurs poids ; la plus petite pesait quatre piastres, environ vingt-cinq francs.

Aïssaouas était fondé¹. Sidi M'hamet-Aïssa mourut plein de jours à Meknès, et sa secte a prospéré.

Nous étions arrivés à une maison mauresque, où dans une cour à ciel ouvert, éclairée par des bougies de cire jaune fichées contre les colonnettes des galeries, devait avoir lieu la cérémonie. Deux longs cierges étaient placés sur une estrade basse où brûlait un *brasero*. Tout à l'entour de cette estrade étaient assis des musiciens armés de vastes tambours de basque, appelés tar ; ils attendaient pour commencer le signal du mokkadem. La salle se remplissait d'Arabes qui s'asseyaient gravement sur les nattes ; les spectateurs européens étaient groupés dans un coin de la galerie inférieure. Au ciel, d'un bleu sombre, scintillaient les étoiles, et l'on apercevait, penchées sur les terrasses les silhouettes des femmes enveloppées de leurs haïks.

Bientôt le mokkadem entra et alla s'asseoir sur une pile de coussins entassés dans une espèce de niche sous la galerie. Les musiciens commencèrent alors des chants graves, lents d'abord, et assez sembla-

---

¹ Les *Aïssaouas* sont donc les frères de l'ordre de *Aïssa*, qui veut dire Jésus. Le fondateur de notre religion, le Christ, est toujours appelé, dans le Koran, *Sidna-Aïssa*, notre seigneur Jésus.

bles aux litanies de la liturgie catholique ; le nom de sidi M'hamet-ben-Aïssa revenait à chaque instant comme une invocation. Puis l'accompagnement des tar et des derbouka[1], qui jusqu'à ce moment avait joué en sourdine, se mêla d'une manière bruyante au chant, pressant la mesure et prenant à chaque note une nouvelle intensité. Les frères se levèrent alors et, se tenant enlacés sur un seul rang au fond de la salle, se mirent à danser sur place en donnant à cette longue file une oscillation, de moment en moment plus accentuée. C'était un bruit, un mouvement indescriptibles : les pieds s'agitaient, les têtes se balançaient à droite et à gauche, et, par une aspiration gutturale, les frères rugissaient en mesure le nom d'Allah.

La musique animant encore le rhythme, pousse l'exaltation et les vociférations au paroxysme. Quelques frères se détachent de la chaîne vivante qui se balance avec fureur et viennent, en poussant des cris, en faisant mille contorsions hideuses, en agitant leurs corps, comme s'ils étaient secoués par l'épilepsie, exposer leur tête à la fumée de l'encens que le mokka-

---

[1] *Derbouka*, espèce de timbale faite d'un pot de grès sur lequel est tendu fortement un parchemin.

dem a jeté sur le brasero. Les turbans roulent à terre et découvrent les crânes rasés. Les mahomets [1] flottent d'avant en arrière et fouettent le visage des frères dont l'exaltation va toujours croissant. Ce ne sont plus des hommes, ce sont des animaux ; ils imitent leurs mouvements, marchent sur les mains et poussent des hurlements : là c'est le rugissement du lion, ici le glapissement du chacal et de la hyène, un autre imite le beuglement du chameau. La sueur ruisselle sur leurs visages, et c'est à ce moment, voisin de la folie, qu'ils commencent leurs jongleries. Ils se traînent vers le mokkadem et lui demandent à manger en rugissant. Celui-ci leur distribue la nourriture : à l'un il offre une feuille de figuier de barbarie, garnie de ses piquants, ou des chardons épineux ; à l'autre il donne du verre qu'il croque et broie à belles dents, un troisième avale des clous énormes, celui-ci danse sur le tranchant d'un yatagan que tiennent deux frères, celui-là, avec un vilbrequin qu'il tourne au coin de la paupière, fait sortir l'œil de l'orbite et le montre tout sanguinolent aux assistants. Le mokkadem ouvre

---

[1] On appelle *mahomet* la touffe de cheveux que tous les Arabes laissent pousser sur le sommet du crâne, et par laquelle, après leur mort, le prophète les enlève au paradis.

une boîte, en tire des scorpions, qu'un jeune frère déchire avec ses dents et dévore; enfin, le plus hardi de la bande, le plus adroit sans doute, apporte une pelle en fer rougie à blanc, l'agite en l'air, en fait jaillir les étincelles et se la passe sur les bras et sur les mains ; il la lèche avec fureur, et l'on entend un grésillement comme si la langue brûlait. Tout cela est de la jonglerie, je le crois et personne autour de moi n'émet de doutes à ce sujet; mais ces tours sont faits avec une telle adresse que l'on ne peut discerner les moyens employés. Les frères ne peuvent sans doute, comme les augures de Rome, se regarder sans rire, mais le public qui les entoure, à l'exception des Européens, est facilement trompé. Dans tous les cas, c'est une singulière façon d'honorer le souverain créateur que de s'abaisser au rang de ses plus viles créatures, et l'on ne peut se défendre d'un sentiment pénible en assistant à cet avilissement de l'homme au niveau de la brute et à cette aveugle croyance du musulman, qui accepte ces tours de prestidigitation comme articles de foi.

A l'époque de la fête du prophète, les Aïssaouas, dans toutes les villes du Maroc et de l'Algérie, promènent un ou plusieurs khouans enchaînés, demi-nus, les cheveux longs et épars comme une crinière, et poussant des rugissements qui n'ont rien d'humain. Les drapeaux verts de l'islamisme flottent sur leurs têtes pendant ces exhibitions dans les villes, et une musique de flûtes de roseaux et de tars les accompagne. Sur leur passage le musulman s'arrête et invoque sidi M'hamet-ben-Aïssa, le saint, le marabout.

Il existe plusieurs autres ordres religieux en Algérie : 1° les khouans de Sidi-Abd-el-Kader-el-Djelali ; c'est le plus ancien et le plus populaire du pays ; c'est le nom qui revient sans cesse dans la bouche des mendiants quand ils implorent la charité. C'est lui qu'invoquent ceux à qui il arrive un accident. La secte est très-nombreuse en Algérie.

2° L'ordre de Mouleï-taïeb, fondé il y a quelques siècles, par une famille de cheurfa[1] du Maroc. Mouleï, s'il faut en croire la légende, a fait une singulière prédiction ; il a dit à ses khouans : « Vous dominerez plus tard sur tout l'outhan[2] d'Alger ; mais avant que ma prédiction s'accomplisse, il faut que cette contrée ait été possédée par les enfants du jaune, « *Bauou-el-*

---

[1] *Cheurfa* est le pluriel de chérif. Ce sont les familles aristocratiques du pays.
[2] *Outhan* veut dire arrondissement, et pris plus généralement, pays. *Bit*, c'est la tente ; *douar*, cercle de tentes ; *ferka*, fraction de tribu ; *arak*, une tribu ; plusieurs tribus réunies, un *outhan*. (Voir De Neveu, *les Khouans*).

asfor, » désignant ainsi les Français. « Si vous vous en emparez maintenant, les chrétiens le reprendront sur vous ; si, au contraire, les Français prennent l'outhan les premiers, le jour viendra où vous le reprendrez sur eux. »

La conquête de l'Algérie est donc un fait naturel, prévu pour les khouans de Mouleï-taïeb ; la prédiction du marabout s'est accomplie quant à nous ; ils hâtent de tous leurs vœux la réalisation de sa seconde partie, puisqu'ils doivent régner après nous avoir dépossédés[1]. Aussi, dans tous les soulèvements des Arabes, depuis notre prise de possession, trouvons-nous des khouans de Mouleï-taïeb, soit à la tête, soit dans les rangs des insurgés. Bou-Maza, « le Père de la Chèvre, » qui, en 1845, souleva la tribu des Magroua, dans le Dahra, se disait chérif de sidi Afif et khouan de Mouleï-taïeb. L'empereur actuel du Maroc, Abd-er-Rhaman est khouan de cet ordre ; ce qui explique les insurrections de la province d'Oran qu'il a fomentées, et la guerre qu'il nous a faite. La bataille d'Isly, le bombar-

---

[1] Un Arabe, qui avait reçu d'un officier français un fusil à piston, fit changer les batteries pour en remettre d'anciennes à pierres. On lui demanda pourquoi ce changement, il répondit : « Nous ne savons pas fabriquer les capsules, et, quand vous n'y serez plus, manquant d'amorces, mon fusil serait inutile. Ce doit être un khouan-taïeb.

dement de Tanger et de Mogador lui ont enseigné à ne pas trop compter sur les prédictions des saints de sa famille.

L'ordre de Ben abd-er-Rhaman est originaire d'Alger, où il a de nombreux adhérents ; il est mort en Kabylie, où il a un tombeau, et je raconterai sa légende lorsque j'en serai au Djurjura. C'est l'ordre national en Algérie; aussi, lorsque Abd-el-Kader nous combattait, il eut soin de s'y faire affilier ; il espérait ainsi s'attirer les sympathies des Arabes et des Kabyles ; il est certain que les zaouia de cet ordre lui ont fourni des secours d'hommes et d'argent[1].

L'ordre de Sidi-Youssef-Hansali, originaire des environs de Constantine, composé de deux mille khouans, est purement religieux. La maison de sidi Youssef était, au temps du bey de Constantine, un lieu de refuge que le souverain n'osait violer. Elle est aujourd'hui une école où l'on apprend à lire et à écrire aux enfants pauvres. Sidi Hammo-el-Zouaoui, descendant direct de sidi Youssef-Hansali, est aujourd'hui chef de l'ordre et jouit, à Constantine, d'une grande réputation de sainteté. J'ai passé une heure

---

[1] On appelle *zaouia* des établissements religieux tout à la fois école, lieu d'asile, hotellerie pour les pèlerins. (Voir plus loin la *zaouia de chellaia*.)

avec ce marabout, et j'ai pu en tracer, à son insu, un rapide croquis.

Les khouans prient d'une façon singulière : toute leur prière consiste à dire cent fois : « Dieu pardonne ! » puis cent fois la formule : « Allah ill' Allah

ou Dieu est Dieu, et Mahomet est le prophète de Dieu, Mohamed, ressoul Allah. » A la prière de trois heures, ils répètent cinquante fois la première invocation, cent fois la seconde ; enfin, à la prière du soir, « el moghreb, » ils redisent la prière comme le matin.

Tels sont les ordres religieux parsemés sur le sol

de l'Algérie, et qui doivent être pour nos gouvernants l'objet d'une incessante surveillance, car c'est par leur fanatisme que l'insurrection s'est propagée dans les provinces et a entraîné de pauvres fous dans les hasards des combats, dont ils sont toujours les seules victimes, par les razzias faites sur leurs bestiaux, ou les contributions de guerre imposées à leurs tribus. Les khouans se tiennent derrière le rideau.

Mon compagnon de voyage et moi avons adopté dans le quartier arabe, un café maure où nous allons deux ou trois fois par jour prendre une tasse de kaoua. Les premières fois qu'on hume cette boisson, on est tout étonné de boire et de manger tout à la fois, mais on s'y fait vite, et le café, avec son marc, ne vous paraît que plus parfumé. C'est assis sur un banc de pierre recouvert d'une natte, que nous contemplons ce perpétuel va et vient de chevaux, d'ânes, de mules, trottant dans ces rues qui n'ont pas un mètre et demi de large. Les passants, vendeurs, acheteurs, flaneurs, Arabes, Kabyles, Turcs, Maures, Juifs, spahis, Koulouglis, gens de toutes nations, sont très-nombreux. De tous côtés on n'entend que ce cri : « Balek, » (Prends garde). La rue n'est pas pavée, le cheval ou l'âne n'est pas ferré; vous n'avez rien entendu venir et à peine avez-vous le temps de vous garer en vous effaçant contre le mur, qu'un cavalier passe fièrement devant vous, ou qu'un troupeau de bourricots non bridés, chargés de chaux, de sable, de pierre contenus dans des paniers en sparterie, vous érafle en trot-

tinant. Cette activité, cette circulation incessante sont pour moi un spectacle toujours nouveau. J'ai dit que les rues étaient fort étroites : quelques-unes sont couvertes de toits de planches avec de petites fenêtres pour renouveler l'air. Ces rues-là sont obscures, surtout les jours de brume, mais on peut s'y promener à l'abri du soleil, pendant l'été, de la pluie ou de la neige, très-fréquentes en hiver dans ces hautes régions.

De chaque côté de ces rues, qui ressemblent à des bazars, s'ouvrent de petites boutiques d'un mètre et demi de large, sur deux mètres de profondeur, et d'une hauteur proportionnelle. Le fond et les côtés sont garnis de rayons, encombrés de marchandises. La devanture est ouverte, et des échantillons y sont suspendus aux montants de la porte. Sur la dalle qui sert de comptoir, exhaussée à un mètre du sol, est accroupi le marchand maure ou juif, attendant le chaland. Si c'est un Maure ou un Turc, vous le reconnaîtrez aisément à son air endormi, à son apathie; il ne tient pas à vous vendre, il vous présentera la marchandise demandée, mais ne cherchera pas à fixer votre indécision. Le juif, au contraire, actif, éveillé, guette le client, fait ses offres de service, déploie ses étoffes, les fait chatoyer à vos yeux, ne plaint ni sa peine, ni ses paroles, et tâche de lire dans vos regards ce qui vous plaît dans son assortiment.

Chaque industrie a sa rue, où se trouvent réunis tous les marchands de la même profession : ici les tailleurs qui vendent les burnous, les haïks, les étoffes de laine ou de soie ; là le marchand de cotonnades, et vous voyez les toiles peintes d'Alsace, les mouchoirs de Chollet, les indiennes de Rouen, mêlés aux étoffes indigènes, plus grossières de fabrication peut-être, mais certainement plus originales. Ici la rue est pleine de bruit : ce sont des forgerons battant l'enclume, et dont la boutique, grande comme une serviette, contient cependant une forge, un soufflet des plus primitifs, une enclume et un outillage assez peu compliqué ; les spécimens de son travail sont étalés sur la devanture de la boutique, dans laquelle il est enfoncé jusqu'à mi-corps. Plus loin, ce sont les cordonniers, corporation nombreuse à Constantine; une chose incroyable ! c'est l'énorme quantité de babouches, de souliers, de bottes qui se fabriquent pour ce peuple qui marche presque toujours pieds-nus. Les boutiques des cordonniers sont un peu plus vastes et contiennent des soupentes où travaillent les jeunes apprentis. A la devanture de chaque cordonnier est appendue une cage d'osier ou chante un rossignol; devant lui, un vase où trempe une fleur. C'est sa poésie, une chanson et un parfum.

Dans une petite rue voûtée et sombre comme un souterrain, sont établis les tailleurs de vêtements. C'est merveilleux de les voir coudre ou broder avec

RUE DE CONSTANTINE

une agilité que rien n'arrête ni ne dérange; il y en avait un surtout qui occupait quatre ouvriers, et devant lequel nous nous arrêtions toujours en allant à notre café maure. Il avait en main des vestes charmantes, de couleurs claires, tout agrémentées de passementeries qui rehaussaient encore la grâce et le ton de l'étoffe. Un jour surtout il travaillait à une veste bleu turquoise, brodée en noir, avec un mince filet d'argent qui suivait les méandres capricieux de la broderie. Ce devait être le Dusautoy maure de l'endroit. Parlerai-je des tisseurs qui font courir leur agile navette à travers la trame de l'étoffe tendue sur un petit métier des plus simples? des fileurs, des cordiers, des orfévres qui fabriquent ces bijoux creux en argent ou en or repoussé, bracelets de bras ou de pieds, colliers, pendants d'oreilles, qui ont plus d'apparence que de grâce véritable. A l'entrée de la rue des Orfévres, on voit, les jours de marché, le samedi, je crois, des négresses accroupies, gardant, immobiles comme des sphynx, des trésors étalés devant elles sur des papiers. Nous voulûmes savoir ce que c'était que ces verroteries, et nous fûmes convaincus que ces petites pierres étaient des diamants, des saphirs, des rubis, des émeraudes mal taillés, mais d'une belle eau et fins. Ces pierres sont vendues assez bon marché. Je marchandai un rubis gros comme une forte tête d'épingle ; à ma question : « Kadech? Combien? » la négresse, de sa voix claire et grasseyante, me répondit : « Arba douros, quatre douros, » c'est-à-dire vingt francs ; à Paris il en eût coûté soixante. Je signale le fait, s'ils n'en sont pas informés, à messieurs les bijoutiers. Les Arabes vendent à plus bas prix que les Européens, parce qu'ayant moins de main-d'œuvre et moins de frais, ils se contentent de bénéfices minimes.

Je m'étonnais de cet esprit de routine qui fait persister les Arabes dans leurs idées comme dans les procédés de leurs industries, lorsqu'il leur aurait été si facile, depuis trente ans que nous vivons avec eux, de s'initier à nos mœurs, à nos moyens mécaniques, à l'emploi de nos outils. Non, ils résistent à toute idée de progrès, et là où je ne voyais que la preuve de leur apathie, de leur indifférence pour notre civilisation, M... indiquait très-bien la véritable cause de leur passive résistance dans le respect des traditions et le fanatisme religieux uni à la haine contre le chrétien, le roumi, comme ils nous appellent[1].

---

[1] *Roumi* est une dérivation de romain, chrétien par extension.

En parcourant la ville arabe, nous avions traversé le quartier juif, et bientôt nous nous trouvâmes à la porte d'El-Kantara, qui aboutit au pont dont nous avons déjà parlé et qui unit le Mansourah à la ville. Que de souvenirs nous assiégeaient à la vue de ces rochers décrits par Salluste, l'élégant et facile auteur des guerres de Jugurtha. Sur ce pont avaient passé les rois numides enchaînés au char de Bélisaire triomphant. Plus tard, ce général, ce vainqueur, victime de l'ingratitude de Justinien, repassait le pont d'El-Kantara, pour aller mendier dans Byzance l'obole de la pitié. Que de peuples, Hébreux, Grecs, Romains, Vandales, Arabes, Turcs, Berbères, avaient tour à tour foulé ce sol et avaient disparu de la surface du monde, tandis que le rocher témoin de tant de grandeurs, de triomphes, de disgrâces éclatantes, de combats acharnés, dressait encore sa masse inébranlable!

CHAPITRE IX

LA CHUTE DU RUMMEL — LE TOMBEAU DE PRECILIUS

Le temps nous pressait, et nous voulions, avant notre départ, visiter, le jour même, la chute du Rummel. Il nous fallut de nouveau traverser toute la ville et sortir par la porte Vallée. Puis nous commençâmes à descendre, en côtoyant le rocher qui semble grandir à mesure qu'on l'approche. Ce chemin est des plus difficiles, mais comme il abrége d'une heure au moins la descente, il est très-fréquenté. A mi-côte, nous passâmes devant une grotte taillée dans le flanc du rocher, et où l'on a, depuis quelques années à peine, découvert des salles souterraines, ornées de mosaïques, et des chambres funéraires entourées de tombeaux.

L'une de ces chambres, plus ornée que les autres, serait le tombeau d'un M. Precilius, Marcus ou Munatius, peu importe, banquier romain, célèbre dans son temps, et qui s'était fait creuser sa dernière demeure de son vivant. Une inscription que je n'ai pas lue, expliquerait très-bien la chose ; mais la légende de ce manieur d'argent d'une époque si éloignée de nous, que nous a bredouillée la gardienne de ce monument, ne me parut pas plus intéressante que ne le sera, dans cinq cents ans d'ici, celle de messieurs les rois de la finance de nos jours.

Nous continuons notre route ; après avoir traversé plusieurs prises d'eau qui alimentent des moulins, nous arrivons dans le lit du Rummel ; mais le torrent faisait relâche : il était à sec, et nous ne vîmes que les trois étages superposés de rochers de cent pieds chacun, d'où s'élancent les cascades, lorsque le Rummel sort en bouillonnant d'un antre noir où il s'est perdu quelques cent mètres plus haut.

Nous partons demain dès le point du jour, et il nous reste cependant bien des choses à voir à Constantine. Il nous faut visiter encore la mosquée principale, une des plus belles que j'aie vues en Algérie, avec ses colonnes de marbre rose, ses ar=

LA GRANDE MOSQUÉE

ceaux mauresques surbaissés et ses carreaux de faïence peinte qui garnissent les murs. Au centre, le *minbar*, espèce de chaire peinte grossièrement en rouge et bleu où monte l'iman pour réciter la prière. Au fond, le *mihrab*, sanctuaire destiné au grand muphti pendant les cérémonies du Ramadam, s'arrondit en demi-cercle, et la voûte qui le surmonte s'éclaire par trois petites fenêtres ogives finement dentelées. Le plancher est couvert de tapis pour les ulémas, de nattes pour le commun des enfants de l'Islam, sur lesquelles des fidèles accroupis çà et là récitent leur chapelet. Le vaisseau, vaste mais un peu écrasé, n'est qu'une grande halle sans poésie, sans caractère religieux. Combien je préfère à ces mosquées si nues, si froides, où l'œil cherche en vain le symbole de la divinité, nos églises gothiques, aux vitraux étincelants, aux piliers formés d'une gerbe de colonnettes fuselées, soutenant des arceaux en ogive; au fond, le chœur apparaît éclairé par une lueur qui tremblote dans un vase d'argent, comme une étoile dans un ciel sombre, puis, sur l'autel, brillant dans l'ombre, le signe révéré de la rédemption. J'aime nos cloches qui éparpillent dans l'air les notes de leur gai carillon, et je les préfère à la voix vibrante du muezzin qui, le jour et la nuit, du

7

haut de son minaret, invite le croyant à la prière, en répétant d'une voix traînante : « Allah ila Allah, ou Mohamed ressoul Allah[1]. »

[1] Dieu est Dieu, Mohamet est le prophète de Dieu.

CHAPITRE X

DE CONSTANTINE A SÉTIF.—LE MARCHÉ ARABE
LES VISITÉS DE DIEU

De Constantine à Sétif il y a deux routes, l'une par Milah, qui est très-variée, très-pittoresque, couverte de ruines romaines, attestant les restes d'un établissement important; l'autre, qui n'est qu'une immense plaine, aride, nue, brûlée par le soleil, et qui n'a qu'une particularité assez singulière, c'est que sur un parcours de quatre-vingt-dix kilomètres, on ne rencontre que trois arbres ; à ces arbres, maigres oasis de ce désert en miniature, sont pendus de nombreux chiffons, loques de burnous, effilochures de turbans, attachés aux branches en témoignage de la reconnaissance du pauvre piéton qui, assis à leur ombre, a goûté quelques instants de repos. C'est cette route, assez rapidement parcourue par une bonne diligence, que nous dûmes prendre, à notre grand regret. Un commencement d'agitation qui se manifestait dans la ville de Milah et dans les tribus qui l'avoisinent ne permit pas à M. le général D... de nous laisser par-

courir l'autre. A cinq heures du soir, nous arrivions à Sétif, l'ancienne Sitiphis des Romains et la métropole de cette partie de la Mauritanie, qui approvisionnait Rome et toute l'Italie de ses grains. Aujourd'hui encore Sétif est appelé le pays du blé, et lorsque la charrue à la Dombasle aura défoncé profondément ces terrains, que l'Arabe nonchalant égratigne à peine du soc de sa charrue primitive, ce pays deviendra le grenier d'abondance de la France et de l'Algérie. Pour obtenir ce résultat, il faudrait déposséder les Arabes et créer des fermes avec des Européens. Quelques milliers de Français donneraient à tout ce pays, facilement irrigable, une immense valeur.

Sétif, détruite par les Vandales, réédifiée par Bélisaire, fut de nouveau renversée par les Arabes, lors de leur invasion. Elle n'avait jamais été entièrement reconstruite, lorsqu'en 1838, le général Galbois s'empara du pays. Des restes de fortifications très-solides, une tour qui se dressait, encore imposante dans sa ruine, dénoncèrent le séjour des Romains, et comme ils savaient toujours choisir habilement les lieux destinés à un campement passager ou à un établissement plus durable, soit au point de vue stratégique, soit au point de vue de la vie matérielle, de la facilité des ravitaillements, le général pensa qu'il n'avait rien de mieux à faire que d'imiter ses illustres devanciers. Il fit alors tracer le plan d'une nouvelle ville toute militaire, entourée de murailles et avec des portes fortifiées aux quatre points cardinaux. Deux rues stratégiques qui se coupent à angles droits, partagent les divers quartiers en quatre massifs. Cette ville est un vrai camp : pas de monuments, pas d'église; la mosquée seule élève son blanc minaret au milieu d'un bouquet d'arbres verts. Les maisons, égales en élévation, se composent d'un rez-de-chaussée surmonté d'un étage. Rien de plus triste que cette uniformité. Le paysage s'harmonise avec la ville : il est plat et brûlé par le soleil ; c'est à peine si quelques jardins, aux alentours, égayent le pays de leur verdure, et dans le lointain les montagnes de la Kabylie semblent fuir au nord et se perdre dans le bleu du ciel, avec lequel elles se confondent.

Il y a tous les dimanches un marché assez important de bestiaux et de céréales, qui porte, comme dans tout le pays kabyle, le nom du jour où il se tient ; « souk el had, le marché du dimanche de Sétif. » Celui du 10 juillet auquel nous assistâmes était des plus animés; dans un coin de l'espace entouré de palissades qui sert de marché, étaient entassés les bœufs, les moutons et les chèvres. Des M'zabites colporteurs paraissaient très-affairés sous leur abri de toile et ne savaient à qui entendre. Un Arabe de Bouçaada avait étalé à terre un assortiment de ces excellents couteaux à lames soudées, à fourreaux de bois garni de cuir.

Assis sous un tendido improvisé, vêtu d'un haïk et

d'un turban irréprochables de propreté qui faisaient tache au milieu des sales burnous de l'assistance, un kaïd rendait la justice et écoutait gravement, en roulant entre ses doigts les grains de son chapelet, deux Arabes braillards qui, accroupis sur leurs talons, débattaient devant lui leur affaire. Plus loin, un barbier, assis sur un escabeau, tenant entre ses jambes la tête d'un patient, lui rasait à sec le crâne, sans prendre la peine de le savonner. Enfin, dans un coin étaient réunis les maraîchers; ils n'étaient pas les moins curieux : ici un vieil Arabe, assis gravement devant six œufs, seul produit de la semaine, attendait un chaland; là un jeune homme, presqu'un enfant, qui, à voir ses jambes poudreuses, semblait avoir fait une longue route, avait étalé des bottes d'aulx, d'oignons et grignotait un échantillon de sa marchandise. Quelques-uns, ils étaient rares, criaient comme des énergumènes : causaient-ils entre eux? se disputaient-ils? je ne sais; ils paraissaient fort animés, et leurs cris étaient tellement assourdissants qu'il nous fallut quitter la place! En ce moment passait près de nous un homme à peine vêtu d'une gandoura en haillons; à travers les trous, on voyait son corps osseux, amaigri par les privations; ses cheveux très-longs tombaient en mèches hérissées sur ses yeux hagards et mobiles. Les gens se rangeaient sur son passage en lui donnant des marques d'intérêt et même de vénération. C'est peut-être un marabout, dis-je à M... au moment où il s'approcha de nous, en marmottant quelques mots arabes que nous ne comprenions pas. « Je te paye un bain complet et une coupe de cheveux, » lui dit M... en riant, et le pauvre diable s'enfuit, en nous faisant la grimace, comme s'il avait compris. « Ada maboul, » nous dit un jeune Arabe en nous le désignant ; c'était un fou.

Considérés comme visités de Dieu, les fous obtiennent à ce titre des Arabes un brevet d'impunité : ils peuvent se livrer à toutes les excentricités imaginables, jamais leurs actes de folie n'exciteront ni sourire ni désapprobation. « Ada maboul ! » dira l'Arabe, et plus la folie sera intense, atteignît-elle les paroxysmes les plus furieux, le fou n'en aura que plus de droits à la vénération des vrais croyants. On les laisse errer en liberté, ils peuvent tout se permettre, ils peuvent porter le désordre dans les familles, c'est une bénédiction de Dieu. Cette sollicitude a quelque chose de touchant, mais elle offre de bien grands dangers ; quelques-uns font de leur infirmité une spéculation, et moins fous que ne le pensent leurs coreligionnaires, vivent grassement à leurs dépens, et récoltent d'abondantes aumônes, soit en se disant prophètes, soit en vendant pour un rebaïa[1] des djedouels[2], talismans qui ont le pouvoir d'éloigner les djouns, de préserver des accidents, de guérir toutes les maladies et même d'en donner à ses ennemis. Seulement le maboul ne vous dira jamais dans quel délai le talisman agira. On voit qu'il n'est pas si fou qu'on le croit. Ajoutons que les malheureux vivant en liberté, sans être jamais enfermés, sont généralement inoffensifs; les cas de démence furieuse sont très-rares en Algérie.

[1] Dix sols.
[2] Le Djedouel consiste d'ordinaire en un petit carré de papier sur lequel est écrit un verset du Koran enfermé dans un sachet de cuir et pendu au cou.

CHAPITRE XI

DE SÉTIF A SI-BOU-ARERIDJ
LES VILLAGES DE LA COMPAGNIE GENEVOISE
LE DOUAR

C'est dans une carriole couverte en planches, avec deux banquettes, l'une devant, qui sert de siége, l'autre au fond de la voiture, que nous devons faire le voyage, quatre-vingts kilomètres de cahots, de ressauts sur la route difficile qui unit Sétif à Si-bou-Areridj. Deux maigres chevaux arabes sont attelés et semblent incapables d'enlever le lourd véhicule; ils y parviennent et nous voilà partis. La route se fait gaiement. « Il faut bien prendre son mal en patience, » dit mon philosophe compagnon, « et puis, ajoute-t-il, on ne voyage pas pour son agrément. » A midi, nous déjeunons à un caravansérail dont j'ai oublié le nom, et l'appétit, aiguisé par dix lieues de soubresauts de toute sorte, fait trouver excellent un repas plus copieux que confortable. Il faut repartir, et notre voiture, que le prévoyant conducteur a eu le soin de laisser en plein soleil de juillet, est une fournaise où nous pouvons cuire tout à notre aise. Un essaim de mouches qui a élu domicile dans l'intérieur nous tient éveillés en dépit de nous-mêmes, et c'est peut-être une bonne précaution. Le parcours n'est ni pittoresque, ni accidenté, c'est l'éternelle plaine avec de maigres champs d'orge et de froment; puis quelques collines sur les rampes desquelles poussent des pins rabougris. A cinq heures nous apercevons Si-bou-Areridj, qui n'était qu'un bordj ou maison fortifiée, il y a quelques années, et qui aujourd'hui se transforme et devient un village important. Après quelques ablutions intérieures et extérieures que cent kilomètres à travers la poussière et le soleil ont rendu nécessaires, nous nous présentons devant le commandant de la place, à qui nous sommes recommandés par le colonel Aug... de Sétif, et aussitôt notre itinéraire est organisé, nos mulets loués pour toute la durée du voyage en Kabylie et le départ fixé au lendemain à quatre heures du matin.

L'aube blanchissait à peine l'horizon que déjà nous étions sur pieds, lestés d'une tasse de café excellent, attendant encore notre muletier et l'escorte de spahis ou khiélas qui devait nous suivre et nous protéger ; notre modeste caravane arriva enfin ; un Kabyle amenait les trois mulets. M... monta sur l'un, j'enfourchai l'autre, et sur le troisième furent chargés les bagages, au sommet desquels se hissa le conducteur. Nos mulets n'avaient pas de selles, mais un bât grossier attaché avec des cordes qui ont souvent cassé dans les rudes sentiers de la Kabylie ; par-dessus le bât est placé un tellis ou sac tissé de laine et de poil de chameau, ayant la forme des besaces de nos paysans. Les ouvertures longitudinales servent d'étrier au cavalier, et dans le fond du sac sont empilés nos provisions, notre cafetière à esprit-de-vin et nos nécessaires de voyage. Nos bêtes paraissaient vigoureuses et en bon état. Nous donnâmes le signal du départ, salués des souhaits de bon voyage de notre hôte, qui apparut sur le seuil de son auberge, encore à moitié endormi.

Voici l'ordre de notre petite troupe : en avant marchaient les deux spahis, puis nous venions ensuite ; enfin notre Kabyle, très-sommairement vêtu d'une abaïa[1] et d'un capuchon rabattu sur les yeux, assis entre nos malles, les jambes allongées au niveau des oreilles de la bête, conservait un air grave, que remplaçait un sourire obséquieux aussitôt que l'un de nous lui adressait la parole.

Nous partions avec l'aube, afin de faire du chemin avant la grande chaleur ; à peine quelques lueurs permettaient, à ce moment, de discerner les objets autour de nous ; les cimes des montagnes se découpaient durement sur le ciel qui peu à peu blanchissait à l'Orient ; puis les étoiles s'effaçaient une à une devant le jour ; les sommets s'empourpraient alors que les vallées étaient encore dans l'ombre ; enfin le soleil émergeait de petits nuages roses floconneux et tout s'illuminait dans la plaine autour de nous, la nature s'éveillait, et avec elle les oiseaux chanteurs, les insectes bourdonnants ; tout renaissait sous le regard ardent de l'astre que les Orientaux appellent l'œil de Dieu. Je pus alors examiner nos guides.

C'étaient deux beaux Arabes, au visage pâle, encadré dans une barbe noire et peu fournie ; une grande bouche à lèvres presque noires faisait ressortir des dents blanches et écartées comme celles d'un jeune

---

[1] Sorte de chemise longue.

chien. Leurs yeux noirs étaient doux et carressants. Ils me parurent de taille moyenne, la poitrine large, la tête petite, les attaches des membres fines et nerveuses. Ils étaient vêtus d'un costume rouge que re-

couvraient deux burnous, l'un blanc à capuchon, l'autre noir, agrafé par-dessus. A leurs bottes de maroquin rouge étaient attachés de longs éperons de fer. Une corde de poil de chameau enveloppait et serrait autour de leur tête le haïk blanc d'uniforme. Assis dans leur selle, formée d'un pommeau par-devant, à laquelle est pendue la djébira [1], d'un troussequin assez élevé pour protéger les reins, et d'un siége large et commode recouvert d'un cuir jaune appelé stara, les jambes repliées dans leurs larges étriers, dont les étrivières sont raccourcies, ils cheminaient nonchalamment sur leurs chevaux qui trottinaient en relevant le pas. L'un de nos guides, Mustapha-ben-Kelifa, montait une bête magnifique gris de fer, à la queue noire, longue et bien attachée, et qui, mâchant le mors, semblait fiere du poids qu'elle portait.

Comparés à ces deux beaux cavaliers aux vêtements amples et éclatants, perchés sur leurs hautes selles, nous paraissions bien modestes, sur nos humbles montures, avec nos vêtements étriqués, nos mulets bridés d'une corde, résignés à leur infériorité, marchant silencieux et la tête baissée.

Pendant tout le cours du voyage, malgré mes *errra* forcenés, ponctués de coups de houssine, je n'ai pu obtenir de mon entêtée monture de prendre la tête de la caravane; toujours elle s'est humblement tenue au second rang.

[1] Portefeuille de peau à nombreuses poches.

Décrivons notre accoutrement; il est assez singulier pour mériter une description.

M... est en costume de coutil blanc rayé de bleu, en petits souliers vernis, et pour toute coiffure un élégant chapeau gris à larges bords ; on dirait d'un gentleman qui va à une fête champêtre dans un château voisin. C'est dans ce costume qu'il se propose de faire le tour de la Kabylie, bravant les ardeurs du midi comme les brumes glacées de l'aube. Moi, qui suis homme de précaution, je suis vêtu plus chaudement : une ceinture de laine dans laquelle est passé un de ces jolis couteaux de Bouçaada, me serre les reins ; un burnous est placé devant moi sur le col du mulet; de grandes bottes préservent mes jambes et un vaste chapeau kabyle (modhel), présent d'un aimable magistrat de Sétif, abrite mon front. Ce chapeau, d'alfa tressé, orné de plumes d'autruches et de houppes de soie, a la dimension d'un parasol. Aussi suis-je à l'abri des mordantes caresses de Phœbus. Enfin, j'ai une ombrelle doublée de vert, dont un de nos spahis s'empare, pour m'alléger, et qui lui servira plus d'une fois pendant la route.

Le pays que nous traversons est une vaste plaine, cultivée tant que nous sommes dans les environs du village; mais à mesure que nous avançons, les cultures sont plus rares et les terrains en friche plus nombreux. Nous traversons un village assez bien construit et que l'un de nos spahis, qui parle un peu ce français mélangé d'italien, d'espagnol et d'arabe, qu'on appelle le sabir, nous dit être un village appartenant à la compagnie genevoise. Cette société, concessionnaire dans la province de Constantine d'immenses terrains, a fait construire, dans les lieux les plus sains et à proximité de l'eau, des villages qu'elle a peuplés d'émigrants allemands, aisément reconnaissables à leurs cheveux blonds, à leur teint pâle, à leur air doux et triste; pauvres diables! ils sont venus en Afrique à la recherche d'un bien-être qu'ils ne trouvaient ni pour eux ni pour leur famille dans le pays qui les vit naître, et fuyant la misère, la retrouvent, plus poignante peut-être sur la terre étrangère! On m'a dit, mais je ne prends pas sur moi de l'affirmer, que ces colonies allemandes ne prospéraient pas. De beaux petits garçons blancs et roses qui jouaient sur les portes, semblaient protester contre ces assertions; ils étaient gais, c'est bon signe. Ils paraissaient vigoureux et bien portants, car ils se battirent avec acharnement pour posséder les sous que nous leur jetâmes en passant.

A quelques lieues de Si-bou-Areridj, sur la limite de la Kabylie et à proximité d'un petit cours d'eau où des moukères (femmes arabes) lavaient, les unes, le haïk relevé, piétinant le linge sur une pierre, les autres le rinçant dans le mince filet d'eau que la naïade avare

laissait couler de son urne tarie, nous aperçûmes un douar, c'est-à-dire une réunion de tentes formant une fraction de tribu. Ce douar était composé de quarante à cinquante tentes brunes rayées de jaune et rangées en cercle. C'était la première fois qu'il nous arrivait, depuis notre départ d'Alger, de rencontrer un campement aussi considérable, et notre muletier nous dit que c'était un douar de marabouts, c'est-à-dire d'hommes faisant partie de la noblesse religieuse et qui exercent sur leurs coreligionnaires une grande et légitime influence; ils sont pris très-souvent pour arbitres dans les contestations de douar à douar, et on les consulte sur les controverses religieuses.

Le douar possède en commun d'assez vastes terres qui s'étendent jusqu'aux confins de la Kabylie, sur lesquelles les Arabes cultivent soit du blé, soit de l'orge, soit des prairies pour leurs bestiaux. Je proposai à M... de nous y arrêter, car la chaleur commençait à être violente; puis c'était une occasion, peut-être unique, de voir une aussi grande réunion de tentes, au moment où nous allions entrer dans le pays kabyle et ne plus trouver que des villages. Sur un signe, un spahi galopait en avant et allait demander l'hospitalité pour quelques heures.

Tout en avançant, nous admirions le vaste emplacement que couvrait le douar. Devant chaque tente les chevaux étaient au piquet, attachés par un pied; les troupeaux, rentrés du pâturage à cause de la chaleur, étaient parqués dans l'espace vide laissé entre elles.

TENTE DE DOUAR

Au centre se dressait une tente, *bit el char*, « maison de poil, » comme l'appellent les Arabes, d'un tissu plus fin et de couleurs plus vives; son sommet est décoré d'une boule ou d'un bouquet de plumes d'autruche, insignes du commandement. Elle nous paraît avoir six à sept mètres de haut sur soixante pas de longueur; des mâts croisés la soutiennent au milieu et à ses extrémités, et des câbles rattachés à des piquets la maintiennent en équilibre. On ne peut mieux s'en faire une idée qu'en se représentant un bateau la coque en l'air; cette comparaison ne m'appartient pas, et je l'emprunte à Salluste, qui raconte que les habitations des Numides (Mapalia), allongées et surmontées d'une couverture cintrée, ressemblent à la carène d'un vaisseau. C'est la tente du cheikh, c'est-à-dire du chef du douar. Plusieurs douars réunis forment une ferka, ou tribu, commandée par un kaïd.

Notre spahi revient bientôt nous prier, au nom du cheikh, d'accepter son hospitalité. Nous consentons sans nous faire prier, et, arrivés à l'entrée des maisons de poil, nous mettons pied à terre. Une nuée de chiens hargneux, au poil fauve, à la queue fournie, aux oreilles courtes sur une tête plate et à museau pointu, de vrais chacals, nous reçoivent en hurlant.

Les spahis les chassent à coups de pied. Bientôt vient à nous un homme dont l'air grave, dont la démarche solennelle, dont la barbe grisonnante, dans cet entourage de tentes primitives, au milieu de cette nature fauve, nous rappellent involontairement les patriarches de la Bible. Ses jambes, couleur de bronze florentin, sont nues ; ses pieds traînent des sabats, babouches très-échancrées, le haïk, entouré d'une corde brune en poil de chameau, enveloppe sa tête en découvrant ses tempes rasées. Une chemise de coton à manches courtes, agrémentée d'une bande de soie rouge et de houppettes de même couleur, flotte sur son corps et descend jusqu'aux chevilles ; le chapelet à gros grains du marabout entoure son cou. Un burnous de laine blanche, un peu jauni par les intempéries, est rejeté d'un côté sur l'épaule et laisse libres les mouvements du bras droit. Ce vêtement tombe en plis amples de l'autre épaule et donne à ce vieillard une tournure digne et fière, d'un grand style[1].

Il s'approche et nous salue d'un affectueux selamalek (le salut soit sur toi). Je fais appel à tout ce que je

---

[1] L'Arabe nomade, et pour lui donner son vrai nom, le Numide a conservé les mœurs, le costume des fils d'Ismaïl, chassé du pays de Sour par Abraham. Quatre mille ans ont passé sur ce peuple pasteur et guerrier sans le modifier.

sais d'arabe et je le salue à mon tour d'un selamoualeikoum. Il me tend sa main qu'il porte ensuite à son cœur et à ses lèvres, et j'imite son mouvement. M.., qui sait un peu plus d'arabe, entame une série de compliments.

« Ouach alek ? » (Comment vas-tu ?) « Ouach enta, baba ? » (Comment toi, père ?) répond le cheikh, et les poignées de main sont échangées, avec les souhaits d'usage : « Que Dieu augmente ton bien ! — Que Dieu allonge ta vie ! — Que Dieu grandisse ta considération, favorise des projets ! » etc., etc.

Le cheikh, une fois les politesses épuisées, nous invite à entrer dans la tente et nous fait asseoir sur des nattes et des coussins que les serviteurs se hâtent d'étendre. La conversation languit, car nous sommes au bout de notre arabe, et M... s'évertue à suppléer aux paroles par le geste, quand les mots ne viennent pas. Le cheikh le regarde gravement, mais n'a pas l'air de comprendre sa pantomime. Moi, pendant ce temps, j'examine l'intérieur de la tente, où règne un désordre pittoresque de caisses, de harnais, de djelils, (housses de chevaux,) d'armes suspendues, et, bien qu'il n'y ait aucun meuble, l'aspect en est sévère et riche tout à la fois : elle est partagée dans sa longueur par un rideau de soie brochée qui sépare l'appartement des femmes de celui du chef. Le bas de cette tente est relevé sur des piquets à hauteur d'un mètre environ, et par ces ouvertures entre une vive lumière qui se reflète sur les selles de velours, sur les brides brodées d'or ou de soie, sur les djelils de couleurs éclatantes; en face de moi un grand coffre de Tunis, à fond doré, est peint de fleurs férocement nuancées de bleu, de rouge, de vert. Ce coffre renferme l'argent, les bijoux des femmes, les vêtements et les armes de prix, les titres de famille qui attestent l'ancienneté de la noblesse, et aussi les livres de prières qui ont appartenu aux ancêtres, marabouts, dont la koubba s'élève non loin du douar, sur la colline.

Pendant que j'admire ces objets si nouveaux pour moi, la tente s'est remplie d'Arabes, parents ou amis du cheikh, qui, pour nous faire honneur, viennent s'asseoir autour de nous. Les serviteurs restent à l'entrée avec le menu peuple du douar. Tous jettent à l'envi un regard curieux à l'intérieur, et en me tournant j'aperçois de charmants enfants, aux figures rieuses qui, accroupis, passent leurs têtes sous la tente et dardent sur moi des regards étonnés. Je leur fais un petit signe amical, et aussitôt les têtes disparaissent et j'entends leur rire argentin derrière l'étoffe qui nous sépare. Le jeu leur plaît, car ils recommencent plusieurs fois ce manége qui ne cesse que lorsque je fais rouler jusqu'à eux quelques mizounas[1]. Alors le bruit augmente, ils se battent.

Le cheikh fait apporter de grandes jattes de lait et quelques galettes ; ses gestes, son regard, l'intonation de ses paroles que nous ne comprenons pas semblent exprimer le regret de n'avoir rien de mieux à nous offrir. Nous le remercions, tout en faisant honneur à son frugal ambigu. Pendant le repas, j'avais vu plusieurs fois, s'agiter le rideau qui nous séparait de l'appartement des femmes ; j'avais entendu des chuchotements et des rires étouffés, et involontairement mes yeux s'étaient portés de ce côté. Le cheikh, entendant aussi du bruit, m'avait regardé à plusieurs reprises ; mais comme il est de la politesse arabe de rester impassible, comme il ne faut jamais parler à un homme, pauvre ou riche, de ses femmes, je feignis de n'avoir rien entendu. Le cheikh nous laissa bientôt maîtres de son habitation ; il sortit, fit fermer la tente, et nous demeurâmes dans une demi-obscurité pour faire la sieste, si nécessaire dans ces pays énervants.

[1] Monnaie arabe valant un peu plus de dix centimes.

Vers trois heures, nous étions prêts à partir; après un échange de saluts affectueux, nous remontions sur nos mulets, bien repus et rafraîchis par le repos, et nous nous dirigions sur Boukteun, où nous devions aller coucher.

CHAPITRE XII

LE CIMETIÈRE. — UNE FAMILLE ARABE EN VOYAGE
BOUKTEUN

En quittant le douar, nous traversons un plateau parsemé de talus de gazonnement, au sommet desquels sont plantées une planche grossièrement façonnée ou une plaque de grés, sur laquelle est gravée une épitaphe. D'autres sépultures sont encadrées de dalles à peine équarries, surmontées d'une figure représentant un turban qui marque la place de la tête du croyant inhumé là. C'est un cimetière arabe. Chaque tribu a le sien dans un lieu solitaire, entouré quelquefois d'un petit mur en pierres sèches. Au milieu s'élève une koubba, dôme de maçonnerie crépi à la chaux, et dont la porte, toujours ouverte, laisse voir un sarcophage recouvert d'une housse de damas rouge; au-dessus du cercueil sont suspendus des drapeaux de soie jaune ou verte, déposés par quelque pèlerin de la Mekke.

Cette koubba renferme les restes du marabout sidi Embarek, et tout alentour sont réunies les sépultures des chefs de la tribu dont une longue pierre, taillée en forme d'auge, indique la place. Les tombes des autres Arabes, *vulgum pecus*, sont éparpillées tout autour.

La koubba était ombragée par des frênes, des micoucouliers, et sous leur voûte sombre, le fusain, le tamaris, le laurier, formaient un bois touffu; cette riche végétation contrastait avec la contrée que nous traversions : à peine, entre les pierres tigrées de mousse, poussaient quelques buissons de lentisques ou de palmiers nains. Depuis trois heures nous marchions dans ces plaines légèrement ondulées de mamelons nus, mais devant nous s'élevaient les premières pentes des montagnes que nous devions gravir. Je me retournai pour voir le chemin parcouru. La plaine s'étendait jusqu'à l'horizon, et tout au fond, dans un lointain de plus de cent kilomètres, apparaissaient, baignés de vapeurs bleuâtres, les sommets des babors, montagnes de la petite Kabylie, qui s'étendent de Sétif à la mer.

La route devenait de plus en plus difficile : nous cheminions sur des roches crayeuses à fleur de terre, sans trouver une plante ou un brin d'herbe, sans rencontrer une créature humaine, sans percevoir d'autre bruit que le pas de nos chevaux sur les pierres. Il y a ainsi sur la surface de l'Algérie des espaces immenses déserts, où la main de l'homme n'a jamais soulevé la terre pour lui confier une semence, et qui resteront encore des centaines de siècles sans être cultivés. Quelle est la cause de cet abandon, de ces obstacles à la culture, à la colonisation? C'est le manque d'eau. Les rivières de l'Algérie, à sec en été, sont toujours pleines en hiver, mais elles ne peuvent garder leurs eaux. Lorsque la pluie tombe, c'est avec une telle violence, que les moindres ruisseaux deviennent des torrents qui passent sans pénétrer le sol, entraînant arbres, buissons, terre végétale, pour ne laisser à leur place que des pierres ou du sable. Tant qu'on ne tentera pas de contenir les rivières par des barrages, de creuser des digues, de vastes réservoirs, tant qu'on ne boisera pas les pentes et les sommets pour empêcher les subites inondations, il sera impossible de faire de grandes cultures et d'obtenir des résultats rémunérateurs ; mais ces transformations nécessiteraient d'immenses capitaux que la spéculation privée ne réunira jamais. Le gouvernement seul peut entreprendre et réussir de si vastes conceptions[1].

Après trois heures de marche solitaire, nous rencontrâmes une famille arabe qui suivait le même chemin que nous; d'où venaient ces pauvres gens? où allaient-ils? Dieu le sait! L'homme marchait devant

---

[1] Depuis que j'ai écrit ces lignes, l'empereur a visité l'Algérie, et grâce à sa puissante initiative, un emprunt de 100 millions va ouvrir la voie du progrès à notre belle colonie africaine.

sur un maigre cheval, harnaché d'une corde pour bride et d'un tellis pour selle ; un jeune garçon, demi-nu, se tenait en croupe. L'homme avait un derbal,

vieux burnous rapiécé et troué en cent endroits. Une longue chemise effilochée tombait sur ses jambes nues. A quelques pas en arrière venait une femme, pieds nus, portant sur le dos et enveloppé d'un linge un enfant de quelques mois, en traînant un autre par la main. Elle tenait en équilibre sur sa tête un plat de bois qui devait servir à préparer la nourriture de la famille. Une outre en peau de bouc pleine d'eau pendait à son flanc. Triste spectacle que celui de cette misère! et cependant cette femme s'était peint les yeux de coheul, et, couverte de sordides haillons, elle avait les bras, les chevilles, le cou ornés de bracelets de métal qui cliquetaient à chaque pas; elle suivait péniblement, sous le soleil ardent, les pieds blancs de poussière, le maître qui se prélassait à cheval.

Telle est la triste condition de la femme arabe pauvre. C'est une esclave chargée des plus rudes corvées, vivant toujours sous la tente ou dans un gourbi où elle peut à peine se tenir debout; c'est dans cette tanière sans meuble, où un trou à feu remplace la cheminée, que naît, vit et meurt la pauvre créature qui sera la compagne de l'Arabe. Dans cette étroite cabane, plantée au pied d'un arbre entouré d'une haie de nopals ou de figuiers de Barbarie, elle se livre, dès l'aube, aux travaux les plus pénibles : elle trait la vache ou les brebis, elle agite le lait (alib), pour le faire aigrir, et alors, sous le nom de (leben), il devient la boisson habituelle ; elle prend soin du cheval, le panse, le selle quand le maître veut sortir ; elle va à la fontaine, souvent à une grande distance, remplir la peau de bouc (guerba). A l'intérieur elle rapièce les vêtements, prépare les peaux pour les outres où se conserve le beurre, puis elle tourne la lourde meule qui écrase le grain, pétrit les galettes et les met au four ; elle tisse les étoffes de laine ou de poil ; enfin, elle élève, elle nourrit les enfants, toujours si nombreux. Pendant ce temps, le maître, qui méprise le travail manuel, court la fantasia ou jouit au soleil des douceurs du *farniente;* eh bien ! la pauvre femme trouve le temps de suffire à tous ces travaux, et ne se plaint pas de son sort. Est-ce parce qu'elle est résignée, ou parce qu'elle n'en connaît pas un meilleur ? Je ne saurais le dire, mais telle est la triste vérité et je n'ai rien exagéré. Cependant il est des femmes plus heureuses : je n'ai esquissé là, à grands traits, que l'existence de la femme du peuple. La femme des chefs, des hommes de grande tente, passe sa vie à se peindre, à se tatouer, à s'habiller : c'est la seule distraction qui lui soit permise. Celle-là a des servantes qui la remplacent et président aux travaux du ménage ; elle vit dans la tente, ne sort pas, ne fait que de rares visites à ses amies ou à ses parents, et ne voit d'autre homme que son mari.

Nos spahis avaient pris une allure plus rapide, nous étions sur un plateau où le chemin serpentait sans difficulté ; mais l'ombre, montait de la vallée, envahissant peu à peu les hautes montagnes encore éclairées des derniers feux du soleil ; puis, comme dans tous les pays de l'Orient où il n'y a pas de crépuscule, la nuit vint tout à coup et l'obscurité la plus complète succéda au jour, sans transition. Les étoiles ne répandaient que de pâles clartés, insuffisantes à nous faire distinguer le sentier que suivaient nos guides, et je laissai mon mulet marcher derrière ses compagnons comme il l'entendait. On peut, du reste, s'en fier à l'instinct de ces excellentes bêtes, qui, si elles n'ont pas une allure rapide, sont infatigables et offrent toute sécurité.

Après une heure de marche silencieuse, pendant laquelle je n'entendais que le pas de nos chevaux, nous aperçûmes devant nous, à peu de distance, quelques rares lumières, c'était Bou-Kteun; encore quelques pas et nous y étions. Quelle erreur ! les cavaliers d'escorte tournent brusquement à droite, nous descendons dans un ravin étroit, profond, qui nous séparé du village et que l'obscurité de la nuit ne m'a pas permis de voir. Le chemin est abrupt, difficile, si j'en juge par les mouvements saccadés de mon mulet ; nous traversons un ruisseau que j'entends bruire entre les cailloux ; puis nous grimpons de nouveau un chemin à lacets ; bientôt les aboiements des chiens nous avertissent que nous entrons dans le village. Nous parcourons des rues tortueuses, étroites, où deux cavaliers n'ont jamais passé de front, et nous arrivons enfin à une maison qui est celle du cheikh ou plutôt de l'amin, car nous sommes en Kabylie.

La porte est fermée ; les spahis frappent et les chiens font rage à l'intérieur. M... et moi restons prudemment sur nos montures, attendant l'issue de la négociation qui va s'entamer. La porte s'ouvre enfin ; deux hommes apparaissent dans la pénombre, éclairés par une lampe en terre que tient l'un deux. Le premier, homme de haute taille, à la figure ouverte et bienveillante, s'avance sur le seuil ; à la vue des spahis, les selam alek, les baise-mains commencent, puis nos guides demandent pour nous l'hospitalité. Le Kabyle nous reçoit avec gravité, sans s'informer de notre qualité, obéissant, non à un devoir social qu'il ne connaît pas, mais à un précepte de sa religion qui lui commande de considérer l'hôte comme un envoyé de Dieu. Il vient à nous, nous prend la main, la porte à ses lèvres sans servilité, nous aide à descendre de nos montures et nous fait entrer sous un hangar qui n'a, pour tout meuble, qu'un four et de vastes jarres en paille et en terre, où se mettent les provisions et les grains. Deux serviteurs s'empressent d'étendre des nattes, on y ajoute des tellis et des coussins, et l'amin nous invite à nous asseoir. Puis il fait apporter du lait, du miel, et remplit avec dignité les devoirs de l'hospitalité. Un souper d'œufs, de miel, de figues, de galettes, est bientôt improvisé et nous y faisons honneur. L'amin s'abstient d'y prendre part, il nous regarde et cherche à prévenir nos désirs[1] ; puis, lorsque notre repas est terminé, il enlève lui-même ce qui reste et va porter nos reliefs aux spahis et aux muletiers accroupis dans un coin.

M... prépare le café, et l'amin se rapproche, surpris de ce mode si facile de procéder avec une lampe à esprit-de-vin. Le café est fait en cinq minutes, et les tasses dont nous sommes munis se remplissent et se vident rapidement. L'amin, à qui nous en offrons,

---

[1] Les Kabyles, comme les Arabes, ne mangent jamais avec leurs hôtes : ils croiraient manquer à la politesse.

accepte et savoure lentement la boisson parfumée ; c'est un régal pour lui, car les Kabyles prennent rarement du café. Les Arabes des tentes n'en consomment pas non plus ; les habitants des villes en ont seuls l'habitude, mais ils fument dans le chibouk une espèce de tabac très-blond, très-doux, appelé chébli. Pendant toute la durée de notre voyage, je n'ai pas vu fumer un seul Kabyle.

Bou-Kteun, aussi appelé Tela-Méla, situé à mi-côte du Dern' el Ah'mer, « le Plateau rouge, » est un pauvre village qui garde le passage des Bibans, ou Portes de fer. Il n'a rien d'intéressant, et à part la maison de l'amin, qui est bien construite, toutes les autres ressemblaient à de vraies cabanes. Le lendemain, dès l'aube, nous le quittions, et l'amin, aussi matinal que nous, nous accompagnait pendant quatre kilomètres. Tous les alentours du village étaient autrefois plantés en oliviers, en figuiers ; c'était la richesse de ce village ; mais la guerre a tout détruit, les arbres ont été brûlés ou sciés au pied, et l'amin me les montrait en disant : « Roumi francès ; » ce sont les chrétiens français.

CHAPITRE XIII

LA KABYLIE. — ORIGINES BERBÈRES. — KEBAILES
LA PIERRE DE THUGGA. — INVASIONS. — LES PHÉNICIENS
LES COLONIES ROMAINES. — TACFARINAS
LES RUINES. — LES VANDALES. — GENSÉRIC. — BÉLISAIRE. — LES ARABES. — LES TURCS

Nous voici donc en Kabylie ; nous n'avons vu qu'un seul village et quelques-uns de ses habitants, mais déjà nous avons pu reconnaître une autre race. Dans ce massif de montagnes, coupé en deux par le Djurjura, et qui s'étend de Bougie à l'Oued-Isser, vit un peuple qui n'est pas le peuple arabe ; il n'en a ni les mœurs, ni le caractère, ni les coutumes ; il a son cachet original. C'est le Kabyle, qui a su conserver son indépendance depuis des siècles, sans se laisser entamer ou amollir par les civilisations qui l'ont côtoyé. Toute l'énergie du peuple arabe, qui a dominé le plus longtemps dans ces contrées, s'est brisée contre ces volontés inflexibles, tout son génie a échoué devant cette inertie; il n'a pu ni les soumettre, ni leur imposer son langage ; seule la religion musulmane a pénétré dans la société kabyle par l'entremise des marabouts.

Quelle est donc cette population qui porte avec fierté le nom de kebaïle, dont nous avons fait kabyle? Est-ce un peuple autochthone qui, de temps immémorial, établi dans ces montagnes, n'a jamais mêlé son sang à celui des peuples qui l'environnaient? Est-ce un mélange de toutes les races qui ont dominé en Afrique, et dont, à chaque nouvelle invasion, les débris se sont réfugiés sur les pics inaccessibles? C'est là une question bien ardue, bien controversée et qu'il convient d'examiner très-rapidement.

Lorsqu'on veut étudier les institutions, les mœurs d'une nation, il est utile de remonter à sa naissance pour y retrouver et y saisir la trace d'usages quelquefois aussi anciens qu'elle. Mais lorsque son origine est obscure, inconnue, parce que les monuments, la tradition, font défaut, c'est en suivant ces usages dans les siècles antérieurs, c'est en les comparant, en constatant leur analogie, qu'on parvient à retrouver son berceau.

Ce peuple, qui habite les régions montagneuses comprises entre Dellys, Aumale, Sétif et Bougie d'un côté, Tizzi-ou-Zou et Fort-Napoléon de l'autre, est, nous l'avons dit, entièrement distinct de la race arabe. Il s'appelait autrefois Berbère, et depuis l'invasion arabe il porte le nom de Kebaïle. Le nom de Berbère, dont les Romains ont fait le mot Barbares, était une qualification donnée par les Égyptiens à tous ceux qui ne parlaient pas leur langue, et les hommes qui portaient ce nom étaient peut-être les anciens Libyens, descendants du Laabim de la Genèse. Quant au nom de Berbère, que l'on retrouve dans les plus vieux monuments de l'Asie méridionale, du sud de l'Égypte et de l'extrême Orient, quelques auteurs le font remonter à Ber, fils de Tamla, fils de Mazig, dont parlent les récits mosaïstes [1]. Libyens et Berbères ont donc une origine commune, et, sortis du centre de l'Asie, comme tous les peuples de la Genèse, ils sont descendus par l'Égypte sur le continent africain, suivant les

---

[1] Cette explication, que nous empruntons au savant ouvrage de M. Pascal Duprat, *Races anciennes et modernes*, est, de toutes les opinions émises par les auteurs, celle qui nous satisfait le plus.

côtes de la mer de Roum, ou Méditerranée, éparpillant leurs tribus dans les plaines que côtoie cette mer et les versants de l'Atlas. C'est une erreur de penser que ce peuple soit autochthone, c'est-à-dire né sur le sol où il est placé. Il est bien plus croyable que son berceau est l'Orient ; mais il s'est implanté en Afrique dès les temps les plus reculés, et nous en trouvons la preuve dans la découverte faite au dix-septième siècle par un voyageur. François d'Arcos, en fouillant, en 1631, les ruines de l'ancienne Thugga, trouvait une pierre sur laquelle étaient gravées deux inscriptions, l'une de sept lignes, en langue phénicienne, l'autre en regard, de sept lignes aussi, mais composée de caractères inconnus.

Il fut impossible de déchiffrer ces hiéroglyphes.

Lors de l'occupation française en Afrique, la pioche des colons et des soldats fit découvrir, dans la province de Constantine de nombreuses inscriptions phéniciennes, latines et d'autres dont l'écriture offrait une complète analogie avec les caractères de l'inscription de Thugga. La comparaison de ces écritures fournit le commencement d'un alphabet, et, en 1844, M. le capitaine Boissonnet acquérait la certitude que ces caractères mystérieux et inconnus, jusqu'alors, de la pierre de Thugga, n'étaient autres que la langue berbère. C'est donc une langue mère, un de ces idiomes que les peuples bégayent à leur enfance, ne s'appliquant qu'aux besoins de la vie physique ; et la preuve, c'est que les mots se rapportant aux facultés intellectuelles ou morales de l'homme manquent dans la langue kabyle ou sont empruntés à la langue arabe. L'alphabet berbère est perdu aujourd'hui et le berberïa ne s'écrit qu'avec des caractères arabes. Il n'existe ni manuscrit ni livre dans cette langue que parlent cependant, sur toute la surface de l'Algérie ou du Maroc, plusieurs millions d'individus, mais avec des altérations diverses provenant du commerce avec les peuples qui ont tour à tour dominé en Afrique. Ces divers dialectes de la langue originaire, le *berberia*, sont le *zenatia*, le *chellaya*, le *chaouiah* et le *zouaouiah*.

L'origine constatée, suivons ce peuple dans les vicissitudes qu'il a subies, dans les invasions qu'il a combattues, ou devant lesquelles il a cédé pour sauver son indépendance menacée. La première invasion, toute pacifique, est celle des Phéniciens. Étouffant dans les murailles de leurs villes, trop étroites pour leur nombre et l'activité de leur génie, les Phéniciens se virent forcés d'émigrer et de chercher une autre patrie. Alors on vit les navigateurs de Byblos, de Tyr, prendre pied en Europe, puis s'abattre sur l'Afrique et y fonder les plus riches colonies. A l'aide d'habiles négociations, d'acquisitions de terres aux Libyens, possesseurs du sol, les Phéniciens envahirent, sans combat, tout le littoral africain de la Méditerranée. Leurs pemières migrations remontent à 1250 ans avant Jésus-Christ. C'est ainsi que furent bâties Utique, Hadrumette, Leptis, Hippone et Carthage. Les Libyens, abandonnant les rives à leurs nouveaux alliés, se ressérèrent dans les montagnes jusqu'au pied de l'Atlas.

Au sixième siècle de Rome, 219 ans avant l'ère chrétienne, après avoir vaincu Carthage et toutes les villes phéniciennes du littoral, les Romains pénétrèrent dans l'intérieur de l'Afrique et l'occupèrent militairement ; ils y fondèrent des colonies, moins en envoyant des familles de colons que des soldats. Il en fut ainsi depuis le sixième consulat de Marius jusqu'à Vespasien et Trajan, qui transportèrent dans les Mauritanies césarienne, tingitane et sitifienne, et la Numidie des armées composées non pas seulement de Romains, mais d'individus de toutes les races vaincues auxquels ils avaient su inspirer ces idées de discipline et d'obéissance qui ont si puissamment contribué à la conquête du monde. C'est ce qui a fait dire à Montesquieu :

« C'était une circulation des hommes de tout l'univers ; Rome les recevait esclaves et les renvoyait Romains. » C'est à cette époque de l'apogée de leur puissance qu'il faut rattacher une partie de ces grandioses constructions, temples, prétoires, portes triomphales, aqueducs, théâtres, citernes, dont les ruines, semées sur toute la surface du sol africain, attestent leur présence et leur domination ; mais ces vestiges de l'occupation romaine que l'on retrouve sur toute la côte, dans les débris qui ont été Baga, Choba, Rusucurum, Salvæ, sont moins répandus en Kabylie, et l'on ne retrouve pas non plus, dans ces ruines éparses, les preuves d'établissements puissants ou les traces d'une domination bien assise.

Les Berbères, en effet, combattirent sans cesse pour conserver leur croyance, leurs lois, leur indépendance et l'intégrité de leur territoire, contre les divers conquérants qui voulurent les asservir, et l'on peut dire qu'ils ne furent jamais complétement à la merci d'un vainqueur. C'est ainsi que, vingt-quatre ans avant l'ère chrétienne, ils luttent contre un lieutenant de Rome du nom de Cossus. L'an 17 de l'ère chrétienne, sous Tibère, ce peuple belliqueux, conduit par un chef numide, du nom de Tacfarinas, va inquiéter la puissance romaine dans la province de Cirta[1]. Sous Valentinien, l'an 372 de notre ère, les Berbères, désignés par les historiens sous le nom général de *quinque gentiani*, provoquent une sanglante insurrection, et ce n'est qu'après plusieurs années de luttes que cette rébellion est domptée par Théodose, père de Théodose le Grand ; les vaincus se réfugient dans leurs montagnes.

Ces insurrections fréquentes, ces incursions sur le territoire romain tendent à prouver que la soumission n'a jamais été complète ; les vainqueurs eux-mêmes semblent s'être contentés de cerner les montagnards dans ces hautes contrées où ils avaient cherché un refuge, au pied de ce Djurjura, appelé par les Romains *mons Ferratus*, à cause de l'énergique résistance de ses habitants, sans occuper militairement leur territoire. Ils les observaient plus qu'ils ne leur imposaient des lois.

D'Aumale, l'*Auzia* des Romains, à Bougie, *Salvæ colonia*, les ruines se rencontrent d'espace en espace, mais toujours dans les vallées, jamais dans les mon-

---

[1] Aujourd'hui province de Constantine.

tagnes. En face du bordj de Thazemath se trouvent des débris d'édifice, parsemés sur le mamelon de Thasbath. C'est peut-être *Ausum*, dont il est question dans Salluste. En face d'Akbou et sur un monticule boisé, s'élèvent les restes d'un monument funéraire que dans le pays on appèlle le Tombeau du Romain. Plus au nord-ouest, gisent des ruines, sur une étendue de plus de douze hectares, que les Arabes appellent Tiklat et qui ont conservé une certaine importance. Au-dessus de ces ruines, qui représentent tout ce qui reste d'une ville, Tubusuptus peut-être, se dressent deux rochers, et sur leur cime des débris de fortifications destinées à maintenir les populations remuantes de la montagne. Des murs d'enceinte de six à huit mètres de haut subsistent encore en certains endroits, des chapiteaux d'ordre corinthien, richement fouillés sont dispersés sur le sol; une colonne de six mètres dresse dans ces solitudes son fût orné d'un chapiteau gigantesque et d'un seul bloc.

Sur la rive de l'oued Sahel, on retrouve les culées d'un édifice, aqueduc et pont tout à la fois, et de l'autre côté de la rivière, à deux kilomètres, on voit un barrage destiné à détourner les eaux d'un ruisseau et les vestiges d'un temple.

De Dellys à Bougie il existe encore une route militaire qui reliait les deux villes, et, sur le parcours, des postes destinés à maintenir les montagnards : à Tiquelat, dans la tribu des Fénayas ; à Tissa, chez les Sénadjas ; à Aïn-Fouka, chez les Beni-Oudjal ; à Tiquebine, dans la tribu des Beni-Chebanas ; enfin, à Kontas, sur le territoire des Beni-bou-Bekeur, on retrouve des remparts, des fontaines encore très-bien conservées, des colonnes surmontées d'inscriptions, aujourd'hui illisibles, en un mot, des traces non équivoques d'une installation sinon complète, au moins durable, et les deux peuples, tout en s'observant avec méfiance, tout en vivant sous des lois différentes, ont été, par suite du voisinage, des besoins mutuels, en rapport constant, mais sans fusion de races, sans mélange de nationalité. Beaucoup de mots toutefois de la langue latine sont restés dans l'idiome kabyle avec de légères altérations. Nous en citerons quelques-uns seulement : ainsi les mots « tagmonte el Karouch, » la montagne des Chênes, dérivent évidemment de *mons* et de *quercus;* « harbea, » herbe, de *herba;* « oulmo, » orme, de *ulmus;* « arora, » aurore, d'*aurora;* enfin, « anguelos, » ange, d'*angelus*.

Mais ce vaste empire, fondé en Afrique, qui

s'étendait sur toute la côte comprise entre l'ancienne cyrénaïque et l'Océan, devait crouler au cinquième siècle, sous le torrent des hordes vandales. En 428, le comte Boniface, gouverneur de l'Afrique, ayant encouru la disgrâce de Placidie, mère de Valentinien III, et voulant s'en venger, appelle Genséric, qui envahit la Mauritanie[1]; la Numidie a bientôt le même sort. Comme une trombe qui brise et renverse tout sur son passage, Genséric, dans l'intérêt de sa sûreté, sema de ruines le pays envahi par ses armées, et sur leurs débris, fonda son nouvel empire, dont Carthage devint la capitale. Mais ce fut la perte des Vandales : amollis par le climat, séduits par cette nature énervante et voluptueuse, ils furent impuissants, au sein de leurs villes dépourvues de défense, à arrêter les nouveaux envahisseurs. En effet, les empereurs de Byzance, qui rêvaient de relever l'empire d'Occident, écrasé sous le pied des races germaniques, et de reconstituer la puissance romaine alors déchue, avaient envoyé une flotte et une armée à la conquête de cette Afrique toujours envahie. En 536, Bélisaire aborde à Caput Vada, s'empare de Carthage, extermine les Vandales et leur roi Gélimer à la journée

---

[1] En 435, Valentinien fut obligé de signer avec Genséric un traité de paix.

de Tricarémon, et, passant par les monts Aurès, pousse jusqu'à Sitiphis, Sétif. Ce ne fut qu'une occupation toute militaire; les Byzantins ne fondèrent aucune colonie; tout au plus réussirent-ils à se maintenir dans les villes du littoral! Cette nouvelle invasion avait pénétré en Afrique, précédée du signe de la rédemption, et la religion chrétienne fit aux vainqueurs plus de prosélytes que leurs armes n'avaient amené de soumissions. Mais ces peuples ignorants se jetèrent dans le schisme des Donatistes et embrassèrent l'hérésie des Circoncellions[1], peut-être en haine de la domination étrangère. L'histoire n'a pas conservé le détail des faits, et nous en sommes réduits aux conjectures; mais ce qui est resté dans les mœurs et les usages kabyles de cette divine clarté du christianisme qui jadis illumina l'Afrique septentrionale, c'est l'esprit de charité, de fraternité qui domine dans leurs lois, dans leurs mœurs. Ce qui ressort de l'ensemble des circonstances, c'est que les Berbères, souvent vaincus, jamais soumis, n'eurent d'autre souci que de combattre leurs maîtres et de se joindre aux nouveaux conquérants, afin de chasser les anciens. C'est là le rôle constant des Kabyles.

[1] Dirigée par Optatus, évêque de Thanugas.

Quand les Vandales se ruent sur l'Afrique, ils ont pour auxiliaires ardents, acharnés, les Berbères, qui espèrent, dans le renversement du pouvoir romain, retrouver les débris de leur vieille indépendance; ils ne tardent pas à se tourner contre leurs alliés de la veille, qui veulent les dominer à leur tour, et par des attaques continuelles ils parviennent à reconquérir une partie du pays envahi. Puis, quand les Byzantins arrivent, les Berbères, fidèles à leurs habitudes, vont tendre la main aux envahisseurs et leur demander leur amitié, jusqu'à ce qu'une nouvelle invasion les jette dans la révolte et les fasse s'associer à une réaction contre leurs anciens dominateurs.

Au septième siècle, un peuple ardent, belliqueux, apparaissait en Afrique et jusque sur les plateaux de l'Atlas. Partis des rives de l'Yémen, les Arabes, convertis par Mohamed, leur prophète, à la foi de l'Islam, se répandirent dans la Perse, l'Égypte, la Syrie et pénétrèrent dans l'Afrique septentrionale sous la conduite d'Amrou-ben-Abas, un des lieutenants d'Omar. Bientôt la faible domination romaine en Afrique s'effaçait à jamais. La lutte s'établit alors entre les nouveaux conquérants et les Berbères, avec des alternatives de succès et de revers. La résistance des montagnards fut longue, opiniâtre et si énergique que les Arabes ont conservé à la Kabylie le surnom de *El-Adoua*, « la terre ennemie. » Toute la force, toute la tactique des Arabes, vinrent se briser contre les efforts de ce petit peuple sauvage, qui défendait son sol inviolé jusqu'alors. Cernés de tous côtés par cette invasion, qui des plaines montait jusqu'aux montagnes, accablés sous le nombre, les Berbères se soumettaient en apparence, mais sans accepter de ces nouveaux maîtres, leurs mœurs, leurs lois, ou leur langue. Seule la religion de l'Islam s'imposait à eux. Refoulés sur les sommets du Djurjura, réduits à l'extrême misère, à la merci du vainqueur, ils n'avaient d'autre ressource, pour échapper à sa fureur, que d'embrasser cette religion nouvelle qui servait de drapeau à l'invasion. Ils acceptèrent le Koran, et c'est à ce moment que le nom de Kabyles leur est donné[1]. Les Berbères soumis, l'Afrique appartenait aux Arabes.

Sept siècles plus tard, les Turcs ou Osmanlis, descendants des anciens Scythes, abandonnaient l'Asie du Nord, leur patrie, sous les ordres d'Osman, portaient

[1] Kebaïl viendrait alors du mot arabe kabel, « il a accepté. » Je trouve cette explication dans l'ouvrage de M. le général Daumas, *la grande Kabylie*; mais je crois plus vraie celle qui fait dériver le mot kbaïl, de kbila, « confédération. Leur gouvernement est une démocratie fédérative. »

la terreur, la guerre d'invasion dans l'Égypte, la Grèce et son archipel, et dispersaient les débris de l'empire byzantin. Deux renégats, Baba-Haroudj et Khair-Eddin, dont, par une étrange altération des noms orientaux, les auteurs européens ont fait Barberousse et Harriadan, profitant des divisions des Arabes, affaiblis par leurs luttes avec les Berbères et les Espagnols, qui avaient envahi leurs côtes, vinrent offrir le secours de leurs armes à leurs coreligionnaires, et firent en Afrique de nombreuses conquêtes au nom du sultan des Turcs.

Singulier génie que celui de Baba-Haroudj! A vingt ans, prisonnier des Turcs, il a renié sa religion. Timonnier à bord d'une galère turque, il s'empare du commandement, en tuant d'un coup de hache le chef de la chiourne, se fait reconnaître pour chef par l'équipage révolté et, corsaire d'aventure, tente d'audacieuses entreprises, souvent couronnées de succès. C'est là le piédestal de sa haute fortune. La violence, la trahison, l'assassinat sont autant d'échelons qui l'élèveront au pouvoir. Il est la terreur de l'Adriatique, du littoral de la Méditerranée et de ses îles. Sa volonté infatigable que rien ne fait céder, sa témérité, son énergie qui lui font tout entreprendre, le poussent vers les rivages de l'Afrique, et, après bien des luttes, bien des revers, suivis de victoires, il est appelé au secours d'Alger que tiennent en échec les Espagnols ; par une indigne trahison, il s'empare de la ville, en étranglant le cheikh El-Etrumy, avec son propre turban, et se fait proclamer roi ; puis, pendant de longues années, il maintient son usurpation en faisant tomber des têtes, en étouffant dans le sang les rébellions sans cesse renaissantes. Les violences, les exactions de ce conquérant sanguinaire deviennent odieuses aux Algériens, et ils appellent à leur secours les Espagnols ; mais une sanglante défaite de l'armée de Diego de Véra vient ajouter encore au prestige de Baba-Haroudj qui, par une heureuse inspiration, et pour affermir son pouvoir ébranlé, se place sous la protection des Turcs et demande l'investiture au sultan.

Une alliance alors eut lieu entre les Arabes et leurs vainqueurs ; la religion musulmane fut un lien entre eux, et une armée composée de ces deux éléments assura rapidement la conquête des villes du littoral et de l'intérieur. Ils se firent redouter par la violence de leur tyrannie, et ne se soutinrent jusqu'à la conquête française que par la terreur qu'inspira leur despotisme.

Les Turcs avaient organisé un système de gouververnement qui consistait à s'emparer des grandes vallées qui entourent la Kabylie, à les faire garder par des colonies militaires indigènes, commandées par un chef turc nommé kaïd ; mais ces chefs n'avaient qu'une autorité purement nominale et nullement effective. Ils établissaient des bordj ou forteresses dans la vallée de l'oued Amroua, qui trace la route d'Alger à Bougie, dans la vallée de l'oued Bou-R'ni et de l'oued Sébaou, qui occupe la route de Hamza à Dellys. Enfin, dans la vallée de l'oued Isser, qui va d'Alger à Constantine. Mais ce n'est qu'à l'aide de razzias d'hommes et de récoltes que les kaïds parvenaient à recouvrer une partie de l'impôt. Ainsi, pendant qu'ils assujettissaient, comme gage de dépendance, les Beni-Abd-el-Djebar à une faible redevance, perçue par le beylik de Constantine, ils laissaient les Aït-Aidel et les gens de la principauté de Kouko, aujourd'hui les Zouaouas et les Flissas, complétement indépendants. Il en était de même pour tous les Kabyles des hauts plateaux, dont le sol aride n'offrait rien d'utile à la conquête, comparé aux riches plaines du Sahel. Le peuple berbère resta donc libre; les Turcs établirent bien sur quelques pics, ou dans les vallées voisines de la Kabylie, des forteresses destinées à maintenir les montagnards dans l'obéissance, mais ce fut une domination plus apparente que réelle. Les Kabyles continuèrent à se gouverner eux-mêmes démocratiquement, à choisir leurs chefs, à former une république fédérative, composée d'un grand nombre de tribus *kbila*. Chaque confédération se divisait en tribus, *arch*, et chaque tribu en villages *dechera*. Il en est encore ainsi aujourd'hui, les tribus indépendantes les unes des autres se gouvernent elles-mêmes, sans obéir à un chef suprême de la confédération ; elles ne se groupent, ne se constituent en soffs ou rangs que pour la défense de leur pays, en cas de péril.

Ainsi unis et se sentant forts, les Kabyles refusèrent de payer un impôt régulier aux conquérants, et n'obéirent qu'à des lois particulières, formées de traditions d'usages locaux, et qui aujourd'hui encore subsistent et portent le même nom de Kanoun. Ce mot, dérivé du Grec, canon, règle de l'Église, indique l'origine chrétienne de cette législation toute paternelle.

Ce petit peuple, défendant pied à pied son indépendance, se laissant refouler jusque sur les sommets de ses montagnes, résistant à ces mélanges de races qui eussent peu à peu effacé sa vivace individualité, n'a pas changé d'aspect depuis deux mille ans. Simples, austères, sauvages, ne comprenant pas les besoins que crée la civilisation, ces montagnards ont repoussé toutes les tentatives faites pour les rendre sociables.

Salluste a tracé un portrait des Berbères qu'il a pu voir, et ce portrait, à quelques siècles de distance, est encore ressemblant. « Race d'hommes, dit-il, de constitution robuste et saine, rapides, résistant aux fatigues, ne cédant qu'au poids de la vieillesse ou à la dent des bêtes féroces, ne se laissant abattre que par le fer de leur ennemi. » Procope complète cette esquisse : « Ils couchent sur la terre, écrit-il, et n'ont, en toute saison, qu'un habit grossier, une tunique faite de poil, dont ils s'enveloppent. Ils ne connaissent ni le pain ni le vin, l'orge et le froment suffisent à les nourrir. »

De toute cette multitude de peuples qui ont semé l'Afrique de leurs débris, il ne reste aujourd'hui que les Arabes, les Turcs, les Coulouglis ou

Arabes-Turcs, et les Maures; mais ils ont perdu leur énergie, leur caractère, dans ce mélange, dans cette fusion de leurs races : seuls, les Berbères, ont vu passer comme un fleuve torrentueux toutes ces révolutions qui ont tour à tour bouleversé l'Afrique du nord, et sans être entraînés par elles, sont restés libres et forts : établis au pied de l'Atlas depuis plus de deux mille cinq cents ans, ces rudes Lybiens, comme les appelaient les Romains, ont conservé la virilité d'un peuple que la servitude ou la civilisation n'ont jamais amolli.

CHAPITRE XIV

INSTITUTION. — GOUVERNEMENT KABYLE
LIGUES FÉDÉRATIVES DES TRIBUS. — DACHERA. — DJEMAA
POUVOIR EXÉCUTIF EN KABYLIE. — AMIN. — JUSTICE
LES KANOUN. — OUKAF

J'ai fait connaître plus haut l'organisation politique des Kabyles, les ligues fédératives de plusieurs tribus composées de nombreux villages, qui portent le nom de *soffs*. Ainsi unies par des intérêts communs de commerce, de voisinage, de passage, les tribus disent ne former qu'un rang (soff), et s'engagent à se soutenir dans la bonne et la mauvaise fortune. Si plusieurs tribus se font la guerre, et le cas n'est pas rare en Kabylie, chacune d'elles appelle les tribus amies, et, après avoir élu un chef, se fournissent des hommes qui, munis d'armes, de munitions, de provisions de bouche, viennent combattre, aux côtés de leur allié, pour une cause qui leur est souvent étrangère.

Quand un village est menacé par l'ennemi, un signal convenu est placé sur le minaret de la mosquée et appelle les gens du soff. Cela est facile, car tous les villages situés sur les crêtes se voient de loin. Du haut de Taourit-el-Embrank, nous pûmes compter plus de vingt villages éparpillés sur les mamelons autour de nous et séparés par de profondes vallées.

Voyons maintenant comment se gouvernent les villages ou *dechera*[1].

Chaque village a une djemaa[2] ou assemblée, composée de tous les membres adultes de la dechera. Là, dans une salle nue, construite au centre du village, près de la mosquée, ou bien sous le porche de la porte principale du village, se discutent les intérêts civils et politiques du pays. C'est là que se décident toutes les questions relatives à la paix, à la guerre, avec les tribus hostiles et qui ne font pas partie de la confédération. Ces réunions sont loin d'être calmes, et des discussions violentes, accompagnées de menaces, s'élèvent entre ces hommes primitifs, qui ne savent ni dominer leurs impressions, ni refréner leurs passions. Ces orages, où percent la fierté, la volonté indomptable des Kabyles, se terminent souvent par la guerre civile, et la minorité en appelle alors aux armes pour faire triompher son opinion.

La djemaa est aussi un tribunal qui punit les

---

[1] La Kabylie se compose de 15 cantons comprenant 1530 villages, avec une population de 370,000 habitants disséminés sur un périmètre de 7,800 kilomètres carrés.

[2] On nomme aussi djemaa le lieu où se réunit l'assemblée.

délinquants, prononce des peines, jamais la mort, quel que soit le crime commis[1]. Le Kabyle, dans sa passion de liberté, a banni de ses lois l'emprisonnement, ainsi que la bastonnade qu'il considère comme avilissante, et qui est encore usitée chez les Turcs et les Arabes.

Le pouvoir exécutif est confié à un magistrat, du nom d'*amin*, espèce de maire, nommé pour une année par le suffrage universel de la djemaa. C'est lui qui réunit le conseil, qui propose les projets de règlements, qui administre la commune, qui ajourne les délinquants, et qui perçoit, aidé d'un receveur nommé *tamen*, les amendes prononcées. Après l'exposé du fait qui a motivé la poursuite, si le délit est minime, c'est l'*amin* qui prononce lui-même l'amende fixée d'avance par les statuts ou *kanoun*. Le condamné a toujours le droit d'en appeler à la djemaa qui juge en dernier ressort[2].

Chaque village a un amin[3]. Tous les amins de la même tribu nomment, à l'élection, un amin des

---

[1] Nous verrons cependant une exception pour la trahison, qui est punie de la lapidation.

[2] Voir les *Kebaïles du Djerjera*, par M. Devaux.

[3] On prononce am'ne.

amins (amin el oumena), à qui le trésor des amendes est confié. Cet argent sert à pourvoir aux besoins de la confédération, au soulagement des pauvres, à l'entretien des mosquées et des djemaa. Enfin, en cas de guerre, il est employé à acheter de la poudre, qui est distribuée entre les plus pauvres de la tribu ; l'amin des amins est alors le chef de la petite armée composée des contingents de chaque village que commande l'amin.

Tandis que le Koran proclame la peine du talion, dent pour dent, œil pour œil, la loi kabyle, plus humaine, se borne à exiler pour jamais le coupable d'un crime, le meurtrier, par exemple, à raser sa maison, à confisquer son bien au profit de la communauté. Mais la famille de la victime a le droit de venger le meurtre; c'est même un devoir. L'opinion le lui commande, la loi tolère ces tristes représailles, et même celui qui aurait reçu un outrage sanglant encourrait le mépris de ses concitoyens s'il ne vengeait pas l'affront fait à lui ou à quelqu'un des siens.

Toutefois la vendetta, que les Kabyles nomment *oussiga*, ne peut se perpétuer dans les familles, comme cela a lieu en Corse. Les kanoun, par une conciliation vraiment barbare, ont décidé que lorsqu'un individu est sous le coup d'une oussiga, son héritier direct pourra seul être poursuivi par l'outragé, s'il meurt de mort naturelle[1].

Nous donnons ici la traduction de quelques articles d'un kanoun kabyle, en traduisant en monnaie française les amendes prononcées en boudjous ou en douros.

Voici l'intitulé de ce singulier tarif pénal :

Cet écrit renferme nos kanoun ; il a été fait, avec l'inspiration de Dieu, par des gens aimant le bien et la justice. Nul ne peut réclamer contre lui, et ne pas obéir à tout ce qu'il contient. Il n'y a rien à y retoucher, à y ajouter, à y retrancher.

	Fr.	c.
Ceux qui troublent l'ordre en se disputant payeront.	»	80
Frapper avec une arme, telle que le sabre, le couteau, la faucille, le matrak.	7	20
Recommencer une dispute apaisée.	14	40
Armer son fusil, en menacer sans tirer.	21	60
Armer son fusil et tirer.	60	»
Frapper un enfant.	1	80
Se mordre, s'ensanglanter avec les ongles, se tirer la barbe.	7	20
Insulter un vieillard.	1	60

[1] Voici le texte des kanoun : « Si, à la suite d'une insulte, le coupable venait à mourir sans que vengeance puisse être tirée de sa conduite, son héritier serait poursuivi, mais les autres membres de la famille seraient respectés »

	FR.	C.
Insulter une femme, selon la gravité de l'insulte.	1 à 50	»
Voler une chèvre.	25	»
Voler un bœuf.	50	»
Voler des fruits, des grains.	12 à 25	»
Voler des fruits verts.	7	20
Voler une ruche d'abeilles.	50	»
Voler dans une maison en s'y introduisant de jour.	150	»

Si le maître rentre et le tue il fera bien.

Voler sur un chemin à main armée.	250	

De plus, les tuiles de la maison du coupable seront brisées; le propriétaire des objets volés sera indemnisé.

Faux témoignage.	25	»
Si les femmes se disputent entre elles, chacune payera.	»	45
Si une femme se livre aux jurements habituels aux hommes, elle payera.	1	60

Celui qui ne rend pas un objet trouvé est jugé comme voleur.

Celui qui tue pour voler est chassé du pays, ses biens confisqués.

Celui qui est lâche dans le combat aura sa maison brûlée.

L'homme possédé du démon qui livre à ses ennemis ou tue à prix d'argent un individu qui est venu chercher un refuge dans le village, sera chassé honteusement. Sa maison sera rasée, ses biens confisqués; s'il ne possède rien, il sera lapidé.

Celui qui va à la fontaine des femmes[1] payera.	25	»
Celui qui porte la main sur une femme d'une façon malhonnête, payera.	50	»

De plus, les tuiles de sa maison seront brisées, et le père ou le mari aura le droit de se venger de lui.

---

[1] Chez les Arabes, hommes et femmes vont à la même fontaine. Les Kabyles désignent une fontaine pour chaque sexe. L'étranger qui, ignorant la coutume, s'arrête à la fontaine, n'est pas passible d'amende.

Tuer son hôte pour le voler est un crime de trahison puni de la lapidation ; l a maison est brûlée, les biens confisqués.

La Djemaa s'empare de tous les biens de celui qui tue son père ou son frère pour en hériter. Le coupable est banni Tout le monde a le droit de le tuer comme un chien.

Enfin celui qui veut quitter son village pour en aller habiter un autre, paye une indemnité à la Djemaa ; il ne peut vendre ses biens à un étranger sans avoir prévenu les gens de sa famille, « karouba, » ou de son village.

Cette rapide énumération de quelques articles des kanoun suffit à faire connaître la législation kabyle. Il en est d'autres, mais tout administratifs et relatifs aux droits à payer pour les naissances, les décès, les mariages, les divorces, les successions, et pour les réceptions, ou diffa, à donner aux hadj, pèlerins, ou aux personnages de condition ; mais nous ne fatiguerons pas plus longtemps nos lecteurs de ce résumé.

On a remarqué qu'il existe des peines qui punissent le vol, et, chose singulière, on n'en a pas créé pour le recel. Au contraire, il est autorisé, et des individus, nommés *oukaf*, étalent et vendent publiquement les objets de toute nature provenant de vol. Ils préviennent le volé que la chose soustraite est entre leurs mains, qu'ils la tiennent à sa disposition pour une modique somme. On ne s'explique cet usage que par la pensée d'empêcher la disparition des produits du vol, et de permettre aux propriétaires de les racheter à vil prix. Cet usage me paraît peu moral, le recel patenté est un encouragement, une prime donnée aux voleurs.

CHAPITRE XV

LES MARABOUTS. — ORIGINE
LES MAURES D'ESPAGNE. — ZAOUIAS-HABOUS
BOU-KOUBERIN, L'HOMME AUX DEUX TOMBEAUX. — LES GUÉLELS
LES MARABOUTS-CHERIFS. — LES MARABOUTS-DÉROUICHES
LES AMULETTES. — LES MIRACLES. — L'HOMME A LA
GROSSE DENT. — LE MIRACLE DU COLONEL

Nous avons vu le rôle des amins dans l'administration de la dechera. Il a quelque importance, surtout si l'amin appartient à une famille ancienne et de noblesse religieuse. Mais au-dessus d'eux il existe une autorité occulte, indéfinie, et qui s'interpose dans toutes les affaires. C'est l'autorité des marabouts. Quelle est leur origine probable?

Expulsés d'Espagne, les Maures vinrent chercher un refuge en Afrique. Quelques-unes de leurs tribus se mêlèrent aux Arabes, et ne formèrent bientôt avec eux qu'une même population; d'autres, plus fières ou plus puissantes, se jetèrent dans les montagnes, demandant un asile à ces montagnards qui souffraient eux-mêmes de la proscription. Le savoir de ces hommes qui avaient étudié les sciences naturelles, les services qu'ils surent rendre, leur habileté politique, qui consistait surtout à s'effacer toujours, tout en ayant la main dans toutes les affaires importantes, leur acquirent une influence considérable. Leurs vertus, leur désintéressement, au moins apparent, les fit vénérer comme des saints. En effet, ils ne voulurent rien accepter pour eux des biens que leur offrait la reconnaissance des populations, dont ils avaient apaisé les mésintelligences. Mais ils reçurent, au nom de Dieu, les terres, les maisons, qui leur furent données par successions ou donations, et c'est au nom de Dieu qu'ils en jouirent. C'était d'une adroite politique; car, en mettant leurs biens sous la protection de la Divinité, ils s'en assuraient l'éternelle et tranquille possession. Ils fondèrent ainsi ces zaouias ou écoles, enrichies par les dons des croyants, qui leur constituèrent des revenus, dits *habous,* c'est-à-dire voués à Dieu. C'est ainsi que prit naissance l'institution des marabouts[1]. Ces habiles politiques acquirent ainsi dans toute l'Afrique une importance qui n'a pas diminué ; on les vit intervenir dans les différends entre tribus, et prendre dans les marchés un ascendant supérieur à celui de l'amin lui-même, donnant des conseils, guidant le choix des Kabyles dans l'élection de leurs chefs; enfin, ils perçurent l'impôt de la zekkat et de l'achour, prescrit par le Koran, et versé à la mosquée[2].

Mort, le marabout, qui s'est recommandé par sa vie exemplaire, par sa piété, passe à l'état de saint, et la koubba qui le renferme est visitée par de nombreux pèlerins, venus souvent de loin pour lui demander sa protection et lui apporter leur offrande.

On pourrait citer par centaines les légendes des marabouts célèbres en Algérie. Je me bornerai à

---

[1] Marabout vient de mrabeth, lié à Dieu.

[2] Je ne sais si les Kabyles payent encore aux mosquées l'achour, qui est l'impôt du dixième sur la récolte et la zekkat qui est l'impôt sur les troupeaux ; mais ils payent au gouvernement français la lezma ou impôt de capitation divisée en trois catégories, selon la fortune, 15, 10 et 5 fr. Les indigents ne payent rien.

raconter celle de Ben-Abd-el-Rhaman, fondateur de l'un des ordres religieux d'Algérie [1], et qu'on appelle *Bou-Kouberin*, l'homme aux deux tombeaux. Voici cette légende.

BOU-KOUBERIN
L'HOMME AUX DEUX TOMBEAUX

Le marabout Ben-Abd-el-Rhaman, qui vivait, il y a près d'un siècle, au temps de Mustapha-Pacha, habitait avec sa famille aux environs d'Alger, et avait autour de lui de nombreux disciples, ou khouans. Peu de temps avant de mourir, il alla se fixer en Kabylie, dans la tribu des Beni-Ismaël. Là, au milieu de ses disciples kabyles, il s'éteignit, plein de jours et de gloire, et il fut enterré par leurs soins. La nouvelle de sa mort parvint bientôt aux frères d'Alger, et la désolation fut grande parmi eux, à la pensée que le corps de leur maître resterait dans les montagnes. N'espérant pas obtenir à l'amiable la restitution de la dé-

---

[1] Les khouans de Si-ben-Abd-el-Rhaman. « Abd » veut dire serviteur. De là « Abd-Allah, » serviteur de Dieu, « Abd-el-Rhaman, » serviteur du Clément, « Abd-el-Kader, » serviteur du Fort. Dieu a ainsi quatre-vingt-dix-neuf appellations diverses.

pouille mortelle d'Abd-el-Rhaman, les khouans d'Alger résolurent de l'enlever de vive force ou par adresse, et de la transporter à Alger. Dans ce but, ils formèrent deux bandes ; l'une d'elles se rendit dans le village où était mort le marabout, se disant envoyée par les frères d'Alger, et demandant à aller prier sur son tombeau. Ils furent reçus à bras ouverts par les khouans, et leur tristesse, leurs regrets excitèrent la compassion, en endormant la défiance. L'autre bande alla se cacher dans la montagne, aux alentours de la koubba. Dans la nuit qui suivit l'arrivée de leurs complices, ils sortirent de leur retraite, ouvrirent le cercueil, chargèrent le cadavre sur un mulet, et se dirigèrent en toute hâte vers Alger.

Le lendemain, dès l'aube, les Kabyles étaient avisés de l'enlèvement des restes du marabout; ils éclatèrent en reproches et en menaces contre les disciples d'Alger, qu'ils accusaient de cette profanation ; mais les frères se disculpèrent aisément, en disant que, venus de si loin pour prier sur le saint tombeau, ils ignoraient encore où il se trouvait, n'ayant pas quitté leurs frères, et ayant mangé et dormi avec eux. Cela était vrai, et il fallut céder à l'évidence. Les Kabyles les laissèrent partir, ne pouvant se rendre compte de cette disparition.

A leur arrivée à Alger, les khouans firent au marabout de magnifiques funérailles, annonçant hautement qu'ils possédaient le saint. Les Kabyles, ivres de fureur à cette nouvelle, honteux d'une si lâche tromperie, résolurent de marcher sur Alger. Mais, avant de prendre une résolution définitive, l'un d'eux conseilla d'ouvrir le tombeau. Le cercueil était intact, et ne dénonçait aucune trace d'effraction. Il fut ouvert, et le saint fut retrouvé, enveloppé des fines toiles qui avaient servi à l'ensevelir. On cria au miracle, et le nom de Bou-Kouberin (qui possède deux tombeaux) fut décerné à Abd-el-Rhaman, qui avait ainsi manifesté le désir d'être honoré par tous ses disciples, en des lieux différents.

Mustapha-Pacha feignit de croire à ce miracle, et fit élever, près de Koubba, au hamma, une mosquée, où sont enfermés les restes du marabout. Dans la tribu des Beni-Ismaël, au lieu même où était la sépulture primitive, il s'est fondé une zaouia, où quatre-vingts jeunes gens étudient avec des tolbas renommés, et tous vivent du produit des offrandes qu'apportent, chaque année, les nombreux pèlerins.

C'est en visitant la koubba de Si-Abd-el-Rhaman, que nous fûmes assaillis par une bande de nègres, qui nous infligèrent un supplice d'un genre nouveau. A peine étions-nous étendus, à l'ombre d'un frêne, sur nos tellis étalés, en guise de tapis, que nous fûmes entourés par huit ou dix négros qui, aux sons d'une musique étourdissante, se mirent à exécuter une vraie ronde du sabbat; tourbillonnant, hurlant, ils se baissaient et se relevaient en cadence avec des mouvements simiesques que les coups de bambous sur les tars et les tamtams précipitaient ou ralentissaient tour à tour

Un de nos spahis nous présente, avec un certain orgueil, ces musiciens ambulants nommés *guelels*. Partout où il y a une noce, une circoncision, une fantasia, on les voit accourir avec leur orchestre enragé de tamtams, de castagnettes de fer; et, bon gré mal gré, ils vous écorchent les oreilles de leur mélopée discordante, jusqu'à ce qu'ils vous aient, de guerre lasse, arraché une abondante aumône. Les chefs de douar, fatigués de ces charivaris, ont vainement essayé d'arrêter l'essor musical des guelels, avec l'argument irrésistible des Arabes, le materek (le bâton); mais ils n'ont pu vaincre leur obstination et n'ont réussi à s'y soustraire qu'en payant le tribut.

La fantasia durait depuis un quart d'heure, lorsqu'un des nègres se détacha du cercle, et se balançant alternativement d'un pied sur l'autre et battant d'un bambou un petit tambour appelé *deuf*, placé sous son bras, se rapprocha de nous, en nous montrant ses dents blanches, tandis que ses camarades redoublaient le vacarme ; nous nous empressâmes de lui jeter une pièce ronde qui paya largement l'aubade diabolique. Ils se retirèrent satisfaits, et nos oreilles ne le furent pas moins.

Revenons à nos saints, que ce souvenir drolâtique nous a fait oublier.

Ces marabouts, animés de sentiments de justice et de piété sincère, tiennent dans leurs mains l'avenir du peuple arabe et kabyle ; détachés des biens de ce monde, donnant d'une main libérale ce que l'autre recueille, prodiguant les secours aux pauvres, les consolations aux malades, calmant les haines, les dissentiments, ces hommes de bien, comme les nomment les Arabes, sont appelés à jouer un grand rôle dans la société africaine ; ils peuvent devenir les agents les plus actifs de notre colonisation, si nous savons nous les attacher par des égards.

Mais, à côté de ces hommes aux idées larges, aux cœurs droits, qui jouissent de la confiance et de la vénération de leurs coreligionnaires, il en est d'autres, remuants, fanatiques, qui, prenant le titre de marabout, ou sous celui plus commun de chérif, ne cherchent que l'agitation, la lutte, et, sous un prétexte quelconque, se jettent dans les tribus, proclament la guerre sainte, *djedad*, entraînant à leur suite ces populations promptes à la révolte. Tels furent, entre tant d'autres, Bou-Maza, l'homme à la chèvre, qui souleva le Dahra en 1846; Bou-Bar'la l'homme à la mule, qui conduisit contre nous les contingents kabyles en 1854; et, récemment, Si-Hamza, qui, au mois d'avril 1864, a levé l'étendard de la révolte, et jeté dans tous les hasards d'une guerre sans issue glorieuse les tribus ignorantes et remuantes de l'Est. Il y a encore des marabouts dérouiches qui parcourent le pays en mendiant. Ils n'en sont pas moins vénérés; car les Kabyles ne considèrent pas la pauvreté qu'engendre la paresse comme un vice, mais comme un accident, auquel tout être humain peut être exposé. Dès lors, point de mépris dans l'accueil fait au mendiant, point d'humilité de sa part; l'aumône est acceptée sans bassesse, comme elle est faite sans ostentation.

Ces dérouiches exploitent la crédulité des hommes, et plus souvent encore celle des femmes, en leur vendant des amulettes de parchemin sur lequel sont inscrits des versets du Koran, et destinés à les préserver de tout mal, ou à leur procurer l'accomplissement de leurs désirs[1]. Quelques-uns de ces jongleurs vendent dans de petits sachets de laine, qu'on pend au col, des carrés de papier blanc, sur lesquels ils ont écrit avec du citron ou du vinaigre. Ils recommandent à leurs stupides clients d'approcher le papier de la flamme lorsqu'ils souhaiteront quelque chose. La chaleur fait ressortir l'écriture, invisible auparavant, et la citation du Koran fait une réponse ambiguë, dont le crédule Arabe ne manque pas de s'attribuer le bénéfice. Cette apparition lui paraît surnaturelle, et le dérouiche est vénéré. C'est à l'aide de pareilles jongleries qu'ils fondent leur réputation de sainteté, tout en faisant fortune.

Au dire des Kabyles, tous les marabouts font des miracles, auxquels ils croient aveuglément, et qui ne sont que des tours d'adresse, ou d'odieux mensonges. Chaque village défend son marabout

[1] A toutes les époques d'insurrection, les dérouiches vendent des amulettes qui écarteront de la poitrine les balles françaises et rendront invulnérables.

avec acharnement, et cite de lui des prodiges plus étonnants les uns que les autres. Robert Houdin serait, en Kabylie, vénéré à l'égal de Mohamed, et les djemaa voteraient d'enthousiasme des fonds pour lui élever une koubba sur quelque pic.

Voici un miracle qui m'a été raconté par un Kabyle, qui n'est point un ignorant, avec une gravité capable de désarmer les plus incrédules.

Si-Ali-bou-Nab (l'homme à la grosse dent), célèbre marabout, était allé visiter dans la tribu des maktas, au lieu dit Euch-el-Afalkou (le nid du milan), un confrère, Sid-Ali-Mouça, qui, lui aussi, prétendait avoir des secrets et des prières pour opérer des prodiges. Chacun vantait la supériorité de ses moyens, et la querelle s'échauffait, lorsque Bou-Nab porta un défi à Ali-Mouça. L'assemblée était nombreuse, et chaque parti attendait avec anxiété le résultat de cette pieuse lutte.

« Voyons, dit Bou-Nab, montre ta puissance, et fais rouler dans la vallée le rocher qui domine ce pic.

— Je le ferai, dit Ali-Mouça, mais à ton tour tu l'arrêteras dans sa course, avant qu'il ne tombe dans le précipice.

— J'y consens, répond Si-bou-Nab.

Sid-Ali-Mouça fait un geste, le rocher s'ébranle, roule d'abord lentement, puis bientôt bondit, renversant arbres, rochers, sur son passage. Sa vitesse s'accroît encore par le poids, et ses bonds deviennent désordonnés, rapides comme l'éclair. Bou-Nab étend la main, et le rocher se plante dans la terre, oscille un instant, puis y reste immobile. Si-bou-Nab et Sid-Ali-Mouça sont deux grands saints. Je n'explique pas un fait aussi invraisemblable, je le traduis comme il m'a été raconté. Cette histoire ne rappelle-t-elle pas les devins dont parle Homère! Seulement mon héros Si-bou-Nab ne se noyait pas de désespoir en voyant sa renommée pâlir devant celle de son rival, comme Calchas vaincu par Mopsus. Récemment, un marabout dérouiche avait apporté dans une tribu une boîte d'allumettes amorphes, c'est-à-dire qui ne s'enflamment qu'au frottement sur une certaine préparation chimique placée au dos de la boîte. Il enflammait les allumettes, et mettait ensuite les Arabes ébahis au défi d'en faire autant. Il leur passait une allumette et une boîte non pourvue de l'appareil chimique, et les pauvres dupes s'évertuaient à frotter, sans produire la moindre étincelle. Un colonel, commandant la partie de la province où se produisaient ces faciles miracles, qui avaient attiré la vénération sur le marabout, résolut de mettre fin à cette mystification par une autre de sa façon.

A cet effet, il convoque les principaux de la tribu et le marabout. Il dédaigne d'enflammer les allumettes, mais il le met au défi de faire le miracle qu'il va accomplir. Il prend son sabre, et trace tout autour de sa tête un cercle, au ras des cheveux, comme s'il voulait se scalper, puis il tire violemment à lui, et met à nu son crâne chauve. Puis il prend ses dents, et, d'un seul coup, il les arrache toutes de sa bouche, et pose sur la table son râtelier, à côté de sa perruque. « Fais-en autant, dit-il au marabout, et je te vénère comme un saint. » Puis, en présence des indigènes stupéfaits, il remet en place les faux cheveux, les fausses dents. Le marabout confondu refusa de tenter l'expérience. La vénération, dont il jouissait parmi les gens de sa tribu a beaucoup baissé depuis; mais le colonel, dont je tairai le nom, est passé marabout du coup.

CHAPITRE XVI

L'ANAYA. — LA FAUSSE MONNAIE EN KABYLIE

Les marabouts ont institué, en Kabylie, une coutume sublime, qui n'existe chez aucun autre peuple, et dont pourraient s'enorgueillir, à bon droit, les nations les plus civilisées ; je veux parler de l'anaya, espèce de sauf-conduit donné par un Kabyle à un voyageur, à un proscrit, à un hôte, et qui doit le rendre sacré pour tous. Ce sauf-conduit se manifeste toujours par un signe ostensible : une lettre, si c'est un thaleb qui a donné l'anaya ; un bâton, un burnous, un fusil, connus, et qui, dans les tribus, servira de sauvegarde au voyageur, plus sûrement que la présence d'un homme armé. Le porteur de l'anaya est en sûreté sous sa protection; et s'il était brisé, selon l'expression kabyle, toutes les tribus de la confédération se lèveraient pour punir le village qui a laissé accomplir ce crime. La femme elle-même, si déchue de toute influence, a le droit de donner l'anaya, en l'absence de son mari, et la violation d'un anaya, donné par une femme, alluma la guerre entre plusieurs kuébilas.

Un homme de la tribu des *Bou-Youcef* devait, dans le cours d'un voyage, traverser le territoire des Aïth-Menguelate. Redoutant quelque vengeance, il va trouver un de ses amis du village de Thaourirth, appelé depuis dachera El-Kelba (le village de la chienne), à cause de l'aventure, pour le solliciter de lui accorder son anaya. L'ami était absent, sa femme seule se trouvait au logis. Elle donna, comme sauf-conduit, une chienne, connue dans tout le pays pour être la propriété de son mari. Le voyageur se met en route, sous la protection de la chienne, qui revient bientôt seule et ensanglantée. Il avait été assassiné et jeté dans un ravin. Les gens de Thaourirth, indignés de la violation de la coutume sacrée parmi eux, prirent les armes, entraînèrent plusieurs tribus dans leur querelle, et firent essuyer de sanglantes représailles aux Aïth-Menguelate, sur les terres desquels l'assassinat avait été commis.

L'anaya jouit d'autant de considération que celui qui l'a donné. Si c'est un marabout qui l'a signé, le voyageur peut, dans toutes les tribus qu'il doit traverser, réclamer la protection des marabouts, et ceux-ci s'empresseront d'ajouter leur anaya à celui de leur confrère. Si l'anaya émane d'un simple Kabyle, il sera respecté dans son village et dans tous les environs où il sera connu.

Le Kabyle tient par-dessus tout à l'inviolabilité de son anaya. Ses parents, ses amis, sa tribu même, prendront fait et cause pour lui, s'il les appelle au nom de son anaya méconnu. Aussi les Kabyles ont-ils coutume de dire :

« L'anaya est le sultan des Kabyles, aucun sultan au monde ne peut lui être comparé, il fait le bien et ne prélève pas d'impôt ! »

Un Kabyle abandonnera sa femme, ses enfants, sa maison, mais il n'abandonnera jamais son anaya.

L'anaya est donc une loi d'hospitalité, quelquefois aussi il tient lieu de droit d'asile. Un homme, persécuté, poursuivi, sous le coup d'un danger, réclame la protection d'un Kabyle ; celui-ci, fier de la confiance dont il est l'objet, engage sa parole, et souvent il fera lui-même une longue course pour exercer son patronage accidentel au profit de celui qui lui était inconnu un instant avant. Un meurtrier se jette dans une tribu voisine, et, qu'il le réclame ou qu'il se cache, l'anaya lui est accordé. Si le crime commis n'a eu pour but que le vol, la tribu ne lui accordera pas l'anaya mais elle ne le livrera pas. Elle lui fixera un jour pour sortir de son territoire ; si le meurtrier n'a commis le crime que pour venger son honneur outragé, par suite d'une oussiga, la tribu dont il aura réclamé l'anaya, le prendra sous sa protection, et lui donnera les moyens de vivre, de travailler, de fréquenter les marchés et de voyager dans les villages de la confédération.

Telle est la coutume pleine de charité, véritable reflet du christianisme, qui, par sa réciprocité, donne pleine sécurité au commerçant, au pèlerin, au voyageur ; qui, en empêchant les vengeances de se produire, en favorisant la fuite de ceux qui y sont exposés, tend à assoupir les haines et à éteindre les vengeances particulières ; coutume fraternelle qu'on s'étonne de trouver chez un peuple qui a érigé en loi l'abus de la force, le fatalisme aveugle, coutume qui suscite chez le Kabyle des sentiments d'humanité, de charité si éloignés du dogme matérialiste du Koran.

J'ai dit que les Kabyles étaient industrieux ; chaque tribu a son industrie, les unes, comme les Beni-Abbas, forgent des canons de fusil, de pistolet, des batteries ; d'autres, telles que les Flissas et les Barbachas, fabriquent des sabres, des couteaux, des pioches, des socs de charrue ; d'autres, les huiles, les savons, la cire, le miel ; enfin, deux tribus, les Aïth-el-Arba, les Aïth-Ali-ou-Harzoum, fabriquaient de la fausse monnaie, et comme la mort était prononcée par les coutumes kabyles, contre ceux qui la mettaient en circulation, les Beni-Boudrar, les Beni-Ouassis étaient chargés de la faire sortir du pays. Constantine, Bône, Sétif, en étaient infestés. Le bey de Constantine, furieux de cette concurrence à ses boudjous, fit arrêter, le même jour, sur les marchés de ces trois villes, les hommes des tribus connues pour faire ce commerce malhonnête, et fit trancher la tête à cent d'entre eux.

J'ai vu à Constantine le chaouch du bey Ahmed qui fut chargé de cette exécution. C'est un vieux

Turc à longues moustaches grises, vêtu d'une étrange façon : il portait un turban jaune de dimension colossale, et une ample ceinture orange tran-

chait sur son vêtement vert clair. Au temps de sa prospérité, un large yatagan était passé dans cette ceinture. Aujourd'hui, le pauvre Tobriz, c'est son nom, est bien déchu de sa gloire. Il est cafetier dans le quartier arabe. Pour dix centimes, cette main, qui a coupé deux mille têtes, vous sert une tasse de café. Il se souvient fort bien des cent Kabyles décapités en une nuit et dont les têtes furent exposées sur les marchés.

Dans les premières années de la conquête, Tobriz servait d'exécuteur des hautes œuvres de la justice militaire française, et il a, pour notre compte, scié bien des cols, car c'est en sciant que l'opération se pratique et cela devait être un horrible spectable. Mais depuis que la machine philantropique du docteur Guillotin a remplacé le yatagan, le vieux chaouch est rentré dans la vie privée, et il se prend souvent à regretter ce qu'il appelle le bon temps.

CHAPITRE XVII

DE BOU-KTEUN AUX PORTES DE FER. — BIBANS

En sortant de Bou-Kteun, et en traversant un bois de pins de Jérusalem et de lentisques arborescents, nous rencontrâmes une famille qui ramassait du bois mort dans les fourrés; elle se composait d'une femme de trente ans environ, et de trois jeunes filles, dont l'aînée pouvait avoir douze ans, au plus. Ces pauvres gens, à voir les haillons qui les couvraient, nous parurent être dans une profonde misère. Les petites filles étaient à peine vêtues; l'aînée, une belle enfant, avait pour tout vêtement une chemise qui collait sur son corps et laissait deviner des formes sveltes et pures. Elle avait un visage ovale à la peau mate et brune comme du bronze florentin, qui s'harmonisait merveilleusement avec des cheveux noirs s'échappant, en touffes pressées, d'une guenille jadis bleue qui lui entourait le front; de beaux yeux couverts, dont le regard glissait timidement jusqu'à nous, frangés de longs cils noirs formaient un ensemble charmant.

Des bracelets de corne et de cuivre cerclaient ses poignets et ses chevilles fines. Les ongles de ses mains et de ses pieds étaient teints d'une légère couche de hennah qui, mis à faible dose, prend des tons orangés. Ajoutez à cet ensemble un petit miroir rond, enfermé dans sa boîte de plomb, et fièrement pendu au cou par une cordelette, et vous aurez un portrait fidèle de cette pauvre enfant, qui déjà laissait percer, à travers ses haillons, une pointe de coquetterie.

La mère dit aux spahis qu'elle était veuve, et qu'elle n'avait d'autre ressource que de vendre les fagots ramassés dans les bois par ses enfants. Elles habitaient un petit village qu'elles nous montrèrent, et distant du point où nous étions d'au moins six kilomètres. Nous leurs donnâmes à chacune une pièce de cinquante centimes, en échange de l'eau saumaître de leur outre qu'elles nous avaient offerte, et la joie causée par ce modeste présent nous prouva qu'elles n'étaient pas habituées à en voir souvent autant.

Après avoir franchi quelques contre-forts pelés, tachés de rouge, à l'aspect sanglant, nous traversâmes successivement plusieurs vallées étroites, couvertes d'arbres de diverses essences, pins, oliviers, genévriers; au-dessus de nos têtes, sur les hauteurs, s'étalent des villages pittoresques et dans les plis du terrain se développe une nature luxuriante d'orangers, de citronniers et d'oliviers séculaires. Ces villages, que notre muletier désigne sous le nom de Faredje et Ouled-Rached, sont, ainsi que Bou-Kteun que nous avons quitté il y a quelques heures, dans une position ardue, mais excellente pour une défense; couverts d'un côté par le fossé profond que creuse en ravin l'oued Bou-Kteun, et défendus en arrière par des crêtes inaccessibles.

La descente du Cheragraz, que nous suivons pour atteindre le lit de la rivière, oued Bou-Kteun, est courte, mais affreusement rapide et bordée de précipices dont les pentes sont à peu près verticales. Nos mulets côtoient le bord de l'abîme à donner le vertige; mais il faut se fier à eux et ne pas essayer de les guider. Ce serait vouloir risquer un accident, très-rare lorsqu'on se fie à leur prudence; le mieux serait de fermer les yeux, mais une invincible curiosité les tient ouverts devant le magique spectacle de ces bouleversements de la nature. Enfin nous sommes en bas, et nous franchissons la rivière à son confluent avec l'oued Mallah et l'oued Biban. A partir de ce confluent, le lit du ruisseau, formé de calcaire marneux, contient sur ses berges et dans ses eaux des sels de magnésie en si grande quantité, que les rives sont couvertes d'efflorescences cristallisées, et les eaux sont imprégnées d'une saveur saline si marquée, qu'il est impossible de les boire. Aussi l'armée qui, en octobre 1839, traversa les Portes de Fer, Biban, sous la conduite du duc d'Orléans, et fit la conquête de tout ce pays, si facile à défendre, sans brûler une amorce, avait-elle, empruntant l'expression arabe, donné à cette longue vallée le nom de *Bled-el-Ateuch*, le pays de la soif.

Après deux heures de marche dans la vallée, le pays se rétrécit, et bientôt nous voyons se dresser devant nous des murailles gigantesques formées par des roches rouges, dentelées, et dont les crêtes ar-

LES PORTES DE FER

dues déchirent le bleu du ciel de leurs silhouettes fantastiques. Nous gravissons un sentier à pic, et après plusieurs ascensions alternées de descentes, nous nous trouvons au milieu de rochers que dominent de tous côtés des escarpements coupés de murailles transversales, semblables aux portants de coulisses d'un immense théâtre. Ces murailles sont produites par la destruction des parties marneuses qui composaient le rocher, laissant à nu l'ossature calcaire.

Du haut du sentier où nous sommes, ce chaos de rochers est effrayant, et paraît infranchissable. Nous descendons péniblement dans le lit du torrent, et à chaque pas, l'aspect devient plus terrible. Les sommets des masses granitiques se rapprochent, surplombent de façon à intercepter le jour. Les stratifications deviennent plus marquées, ce sont de vrais murs perpendiculaires au lit que s'est creusé le torrent dans la roche, distants de vingt à trente mètres, et d'une élévation de plus de cent mètres au-dessus de l'oued Biban, qui les traverse. Quel spectacle merveilleux ce doit être l'hiver, lors des pluies torrentielles qui tombent à cette époque de l'année, que celui de ce torrent roulant avec fracas ses eaux écumeuses à travers ce chaos ! Aujourd'hui c'est une rivière tranquille, presque stagnante, et dans laquelle nos chevaux marchent, ayant à peine de l'eau jusqu'à mi-jambes.

Enfin, après un parcours de mille mètres environ, dans une espèce de couloir formé de rochers dont le surplomb s'exhausse sans cesse, nous tournons brusquement à gauche pour descendre dans un ravin où cent hommes tiendraient en échec une armée entière. Nous sommes en face de la première porte. C'est un cintre de quatre mètres de large, taillé perpendiculairement par la nature entre les rochers. La seconde porte est à vingt pas plus loin, et les deux autres suivent à courte distance. Entre la première et la deuxième porte, nous trouvons une inscription, assez profondément entaillée dans la pierre, que la hauteur des eaux n'a pu atteindre, et dont les lettres ont conservé toute la vivacité de leurs arêtes :

L'ARMÉE FRANÇAISE, 1839

C'est le duc d'Orléans qui la fit graver par les sapeurs, lors du passage de l'armée expéditionnaire.

Après le passage des portes, le défilé s'ouvre,

l'horizon s'élargit, la vallée se présente, baignée dans une pure lumière, et ce spectacle d'une riante nature éclairée d'un vif rayon paraît plus ravissant encore, comparé à l'effrayant désordre que nous venons de traverser.

C'est dans cette vallée que s'établit le bivac de l'armée que commandait le prince royal, et le surlendemain, en partant, chaque soldat portait à la main une branche arrachée aux palmiers séculaires que nulle main humaine n'avait jamais touchés.

CHAPITRE XVIII

L'OASIS D'EL-HADJ-KADDOUR. — LES BENI-MANSOUR
LE BORDJ

Les Portes de Fer sont déjà loin de nous; nous suivons pendant quelque temps le ruisseau d'eau salée dont j'ai parlé plus haut. Puis nous faisons un crochet sur la droite, et commençons à gravir une montagne du sommet de laquelle nous aurons en face de nous toute la haute Kabylie. L'ascension est rude, à travers les rochers, et par des chemins souvent impraticables; mais que ne ferait-on pas avec ces bonnes bêtes au pied si sûr! Nous traversons un petit bois de chênes liéges, nous descendons brusquement dans un ravin où coule un ruisseau rapide, pour remonter un autre pic, au sommet duquel se dresse une koubba entourée d'arbres. Je rencontre, pour la première fois depuis notre entrée en Kabylie, deux palmiers énormes, mêlés aux oliviers et aux micoucouliers, et formant un bouquet charmant de fraî-

cheur et d'ombre. Une source sortie des rochers voisins entretient et vivifie cette splendide végétation ; c'est un petit coin de l'Éden, et l'on serait heureux d'y passer sa vie, dans la tranquille contemplation de la nature. Le tableau, en effet, est admirable : en face de nous, une plaine immense d'étendue, qui, éclairée des derniers rayons du soleil, semble enveloppée dans une poussière dorée. Au milieu coule l'oued Sahel, formé de tous les ruisseaux qui descendent dans la vallée ; puis, dans un lointain vaporeux, une immense chaîne de rochers, aux crêtes dentelées, s'élève sur le massif verdoyant des montagnes, c'est la Grande Kabylie.

A gauche, et sur les premiers plans du tableau, au sommet de crêtes mamelonnées, des villages entourés de jardins qui font partie de la tribu des Beni-Mansour, et au-dessous, une vallée de dix kilomètres qui n'est qu'un immense verger d'oliviers.

C'est dans cette vallée que la petite armée qui avait traversé les Bibans, sans coup férir, alors qu'il eût été si facile de défendre les défilés, livrait quelques combats heureux aux Kabyles, commandés par le bey de Sébaou. Rentré à Alger, le jeune chef recevait des mains de ses soldats une palme cueillie aux Portes de Fer, et qu'il emportait en France, comme un souvenir glorieux de cette campagne[1].

La nuit tombait lorsque nous arrivâmes au bordj,

---

[1] J'ai lu dans le journal du duc d'Orléans, livre fort rare, le récit touchant des adieux des soldats à leur jeune chef et de la remise de cette palme.

établi sur une hauteur qui domine les quatre villages des Beni-Mansour, et qui en porte le nom. On nomme bordj, des maisons fortifiées que le gouvernement a fait établir dans l'intérieur du pays pour servir de résidence, soit au chef du bureau arabe, à l'agha ou khalifa de la tribu.

Le bordj des Beni-Mansour, vaste bâtiment quadrangulaire avec des pavillons saillants aux angles, dresse sa masse imposante sur un monticule qui domime l'immense vallée de l'oued Sahel et de l'oued Bou-Sellam ; les murs peu élevés sont percés de meurtrières et entourés d'un fossé de quelques mètres pour en rendre l'accès moins facile. Une porte ferrée complète la défense. Nous demandons l'hospitalité au chef du bureau arabe, M. Ruy.., un charmant officier, qui nous fit, avec ses collègues commandant le détachement, le plus cordial accueil. Des touristes qui apportent des nouvelles et la distraction de nouveaux visages, sont toujours les bienvenus. Un souper improvisé à la hâte, offert avec bonne grâce et simplicité, dégusté avec l'appétit de gens qui ont fait vingt lieues à cheval, nous eut bien vite mis en connaissance et presqu'en intimité. M. Ruy... nous donna sur l'organisation des bureaux arabes des aperçus dont nous étions bien loin de nous douter.

Le bureau arabe, nous disait-il, est l'intermédiaire obligé des rapports entre les indigènes et les Européens. Dans le principe, les fonctions des chefs de ces bureaux consistaient à renseigner les généraux sur le nombre et la position de l'ennemi, sur l'état du pays à occuper; puis si les chefs indigènes demandaient la paix, c'étaient eux qui concluaient les traités. Lorsque des contingents arabes se mirent à notre service et formèrent des *goums*, les officiers des bureaux arabes en eurent le commandement, et souvent à eux revint l'honneur de marcher à l'avant-garde et de préparer la victoire. Ils eurent encore à surveiller l'administration des chefs indigènes, investis de commandements dans leur pays.

Aujourd'hui leurs fonctions sont bien plus nombreuses et plus délicates, ils surveillent la population indigène, contrôlent l'administration du chef arabe, agha ou khalifa, reçoivent les plaintes verbales, renvoient les parties devant le khadi si l'affaire est judiciaire, devant le conseil de guerre, après enquête. s'il s'agit d'un crime, devant une commission disciplinaire s'il s'agit d'un délit. Dans les autres cas, le chef du bureau arabe juge lui-même, sans suivre d'autre guide que la droiture de son caractère, d'autre loi que la justice, en mettant, autant que possible, la coutume du pays en harmonie avec l'esprit de nos codes. Le bureau arabe vérifie les décisions des khadis et de leurs assesseurs, assure la sécurité des routes et par son arrivée inattendue sur les marchés de sa circonscription, surveille l'honnêteté des transactions.

On voit par ce rapide exposé quelles sont les fonctions multiples des chefs de bureaux arabes. Loin de passer leur temps dans le désœuvrement, ces jeunes officiers sont voués à une existence active, sérieuse; et l'on peut juger de la somme de connaissances nécessaires, en dehors de celles de la profession, pour gouverner les tribus confiées à leur commandement. Ainsi il leur faut savoir à fond la langue arabe, les lois musulmanes; la comptabilité relative aux travaux publics; les procédés de culture européenne, afin d'y inciter les indigènes et les pousser ainsi dans la voie du progrès; surveiller la religion, l'instruction publique, enfin connaître la topographie du pays ainsi que les mœurs et les dispositions de ceux qui l'habitent. Un chef de bureau arabe, honnête, intègre, impartial, saura faire aimer et respecter notre gouvernement, en nous attachant un peuple qui, encore aujourd'hui, résiste à tous nos efforts d'assimilation et de sérieuse colonisation.

Nous visitâmes avec ces messieurs un des villages des Beni-Mansour, et comme à Bou-Kteun nous retrouvâmes même malpropreté, même enchevêtrement de ruelles étroites. Devant chaque maison s'élèvent une meule et un pressoir à huile, le mécanisme en est des plus primitifs. Au centre d'une cuvette en maçonnerie, un arbre mobile, garni d'une pointe en fer qui pivote dans une charnière, s'emmanche à l'autre extrémité dans une perche horizontale soutenue par des poteaux de la hauteur de l'arbre. Une meule fixée à l'arbre-pivot par un essieu de bois, tourne dans la cuvette, écrasant, broyant les olives qui y sont entassées. Elle est mise en mouvement par un manége que tourne un âne ou un mulet. Dans toute la Kabylie c'est le même système imparfait. Cependant, dans le cercle de Dra-el-Mizan, les machines françaises ont été adoptées par les Kabyles qui en reconnaissent la supériorité. Depuis deux ans, plus de dix usines se sont élevées dans ce cercle et y prospèrent; le rendement et la qualité ont augmenté dans une notable proportion. Les autres tribus, forcées par l'évidence d'avouer l'infériorité de leurs produits, ne fabriquent plus que pour leur consommation, et vendent à très-bon prix leurs récoltes d'olives à Fort-Napoléon où fonctionnent deux usines à vapeur.

Le lendemain nous allions, en compagnie de MM. les officiers, visiter les villages industrieux des Beni-Abbès. Cette tribu occupe la rive droite de l'oued Sahel. Nous traversâmes plusieurs centres de population dont il ne reste que des ruines noircies par le feu. Ces villages incendiés et détruits par nous, lors de l'insurrection des Kabyles en 1847, n'ont pas été relevés. Nos spahis ne purent nous dire le nom que d'un seul de ces villages effacés de la carte de l'Afrique : il se nommait Aïth-Mouça.

Thazaerth, que nous visitâmes, est un bourg très-peuplé dont les habitants fabriquent des couteaux-rasoirs, des matrak, espèce d'assommoirs très-bien portés chez les Kabyles, et d'assez beaux fusils. Je crois que les canons seuls sont forgés dans le village, et que les crosses et les batteries, fabriquées ailleurs, sont adaptées aux canons à Thazaerth, où on leur donne le fini. Il y a aussi des bijoutiers qui, avec une adresse peu commune, cisèlent dans l'argent, ou repoussent au marteau les capucines qui garnissent les fusils arabes, et incrustent dans le bois ces ornements de nacre et de corail, grossiers souvent, mais non dépourvus d'originalité.

Dans d'autres villages on fabrique des bijoux, bracelets, anneaux d'oreilles, krolkral (anneaux de pied rivés aux chevilles), symbole de l'esclavage, et l'un d'eux avait la réputation de faire de la fausse monnaie, vendue aux juifs du Maroc, exportée et mise en circulation par eux dans leur pays. Ils achetaient mille francs de boudjous, de tsemin, de douros faux contre quatre vingts francs de bon argent; mais la surveillance des bureaux arabes a mis fin à cet odieux commerce.

En traversant Arzou, nous nous étonnions de la quantité de forgerons que contenait ce village, un de nos spahis nous raconta que les tribus des Aith-Ithouar et des Aït-Yahia n'ont point d'ouvriers en métaux. Un marabout, dont le fils existe encore dans la tribu, en a chassé tous ces industriels, et voici à quelle occasion :

Il y avait dans un village de la tribu, nommé El-Kalouy, un forgeron qui avait une jeune et belle femme, elle fut enlevée par un audacieux, épris de ses charmes, pendant une absence du mari; à son retour, le forgeron, trouvant la maison déserte, s'enquit auprès de ses voisins, et apprit le malheur qui le frappait. Il réunit alors tous ses amis, les sollicitant de l'aider à venger son honneur. Le village fut bientôt en émoi, se divisant, suivant les sympathies ou les liens de famille, pour ou contre le ravisseur. On échangea des coups de fusil, et, comme il arrive trop souvent dans ce monde, la victoire ne se rangea pas du bon côté; le parti du séducteur fut victorieux. Les amis du forgeron avaient mollement défendu ses droits. Le batteur d'enclume rentra chez lui et se remit au travail, sans montrer ni colère ni chagrin. Bientôt des vols audacieux furent commis dans le village, et l'on dut songer à mettre sous la garde de serrures les maisons placées jusque-là sous la protection de Dieu et la probité des habitants. Le forgeron fournit toutes les serrures; mais bientôt après aucune ne marchait plus, et force fut au forgeron de les réparer. Il se fit donner alors toutes les clefs, et une nuit que la tempête se déchaînait sur la montagne, muni des clefs, il s'en alla fermer toutes les portes afin que personne ne pût sortir, et s'armant d'une torche, il mit le feu aux quatre coins du village; le vent aidant, toutes les maisons brûlèrent en s'écroulant sur leurs habitants surpris dans leur sommeil et enfermés. Le forgeron n'avait pas même épargné les amis qui l'avaient si lâchement abandonné. Il prit la fuite, et ne fut pas retrouvé. Le marabout bannit à jamais les forgerons de la tribu.

Ces ouvriers cependant sont très-estimés en Kabylie, car ils rendent à ces rudes montagnards, peu industrieux, de grands services, tout en leur inspirant une crainte superstitieuse dont voici l'origine.

Si-Daoud, un forgeron que les Écossais, dans leur manie de sobriquet, n'eussent pas manqué de surnommer « l'homme aux mains calleuses, » ne se servait pas de pinces pour tenir son fer rougi au feu; ses doigts suffisaient. Quand un client marchandait un objet, Si-Daoud disait qu'il préférait lui en faire cadeau, et il le lui tendait d'un air bonhomme; seulement, il avait eu soin de le faire chauffer, et le pauvre Kabyle sans méfiance se brûlait horriblement. Les montagnards croient depuis lors tous les forgerons un peu parents du djoun (le diable).

Après cette visite à Thazaerth, nous quittions nos

hôtes des Beni-Mansour, au bordj de Thasmath, et nous entrions sur le territoire des Beni-Aïdel, en traversant l'oued Bou-Sellam à son confluent avec l'oued Akbou, en face du village d'Amalou. Devant nous, sur les sommets des premières montagnes, apparaissent de nombreux villages tout blancs, au milieu des frênes qui les entourent, et surmontés d'un minaret.

CHAPITRE XIX

KALAA

Au fond d'un amphithéâtre de montagnes rocheuses, Hamet, notre spahis, nous montre une petite ville perchée sur un rocher à pic, et qui du lieu où nous sommes placés, paraît inaccessible. C'est Kalaa ou Kuelaa, siége autrefois d'un gouvernement d'une certaine importance, et qui n'est plus aujourd'hui qu'une ville de trois mille habitants, divisée en quatre quartiers, qui se font entre eux une guerre incessante. On n'arrive à Kalaa qu'en passant à Boghni, et par un chemin que je décrirai plus loin. Mais avant d'atteindre ce bordj, le voyageur traverse deux pays dont le brusque contraste a quelque chose de singulier. Du côté de la Medjana, il parcourt une vallée riche en culture, des bois d'oliviers, des champs de blé, des prairies même, couvertes d'arbres à fruits. Au village de Djedida, se dresse une porte de rochers gigantesques ; et au delà par une brusque transition, une nature abrupte, un sol tourmenté, une végétation maigre et triste ont remplacé la verdure. A mesure que vous gravissez, les arbres d'essences résineuses, les pins apparaissent moins rares, plus vigoureux. Une fontaine qui sort d'un rocher envahi par les mousses et les plantes parasites a régénéré le sol ; mais à partir de ce point, vous ne trouvez plus de terre végétale, et vous grimpez sur la roche nue un escalier immense qui vous conduit, après une heure de rude ascension sur le plateau de Boghni. Douze kilomètres restent encore à franchir pour arriver à Kalaa, et je ne saurais décrire les difficultés de cette route qui cotoie sans cesse la crête amincie du rocher, avec des précipices à pic à droite et à gauche. C'est à donner le vertige aux plus hardis, car, en certains endroits, le chemin n'a pas plus d'un mètre de large. Enfin, vous

VUE DE KALAA

atteignez deux pitons du haut desquels vous apercevez, à quelques cents mètres au-dessous, un plateau de cinq kilomètres de périmètre, relié à la masse du globe par la jetée que je viens de décrire, et qui, produit par quelque soulèvement volcanique des premiers âges de la terre, domine un bassin, en forme d'entonnoir, de sa muraille verticale.

C'est sur ce plateau que sont bâtis les quatre quartiers qui forment l'ensemble de Kalaa. Ces quartiers portent les noms de Ouled-Hamadouch, Ouled-Yaya-Ben-Daoud, Ouled-Aïssa et Ouled-Chouarickh. Ce dernier quartier, entièrement abandonné, a été ruiné, il y a quinze ou vingt ans, par une guerre intestine.

Cette ville fut bâtie, il y a quatre siècles environ, par un fils de Si-Hamed-Amokrane, du nom de Abd-el-Aziz, qui se fit proclamer sultan, et fut assassiné par les gens du quartier de Chouarikh. Abd-el-Aziz passe pour avoir construit la Casbah, dont on voit encore les ruines. Ce serait lui aussi qui l'aurait pourvue de canons. Le fait d'avoir monté des pièces d'artillerie dans ce lieu et par ces chemins impraticables paraît invraisemblable, impossible même; il est vrai cependant, et j'ai vu sur la plate-forme, dans un chemin, gisant à terre, deux pièces du calibre de 36, portant sur la culasse trois fleurs de lys et un L surmonté de la couronne royale de France. Ces pièces, qui datent de Louis XIV, ont donc appartenu à quelque vaisseau français naufragé sur la côte kabyle. Comment sont-elles là? nul ne le sait, on en est réduit à ce sujet aux conjectures. Deux autres pièces, d'origine espagnole, sont à moitié enfouies dans un fossé. Pour ces dernières, la possession des Kabyles s'explique facilement par la prise de Bougie, en 1514, par Baba-Aroudj. Un vieux Kabyle qui s'approcha de nous, pendant que nous contemplions tristement ces épaves de notre marine, nous dit que dans sa famille, on se souvenait d'avoir vu tirer ces canons. Le plus gros lançait un boulet de 36 livres, avec six livres de poudre.

Kalaa est indépendante de tout soff. Elle a trois amin et trois djemaa qui la gouvernent. Toutefois, une alliance existe avec les Beni-Abbès, et les gens de Kalaa sont tenus de fournir, en temps de guerre, un contingent de combattants. Les habitants passent pour être riches, le luxe de leurs costumes, les vêtements de fine laine des femmes, qui sortent à visage découvert et parées de bijoux, donnent quelque fon-

INTÉRIEUR D'UNE COUR.

dement à cette opinion des autres Kabyles. Les maisons sont bien bâties, spacieuses, avec cour intérieure, ombragée d'arbres et de plantes qui grimpent aux galeries, et forment des berceaux de verdure. Toutes les habitations sont couvertes en tuiles et crépies à la chaux. La mosquée principale est vaste ; un minaret, orné de sculptures mauresques, la domine, et deux peupliers, d'une belle venue, en décorent l'entrée.

La ville est propre, ce qui est rare en Kabylie, les habitants sont bien vêtus, chose plus rare encore ; ils affectent même dans leur tenue une recherche particulière. Les femmes riches qui, comme les Mauresques d'Alger, ne sortent jamais de leurs maisons, et que nous avons pu apercevoir par les portes entr'ouvertes, étaient vêtues de gandouras lamés de soie, de haïks brodés, et couvertes de bijoux d'or et d'argent.

Les gens de Kalaa ont une réputation de probité proverbiale dans toute la Kabylie. C'est à Kalaa, en effet, qu'à toutes les époques d'invasion, les personnages considérables du pays sont venus chercher un refuge pour eux, pour leurs familles et leurs trésors. Ils confiaient leur fortune, leurs objets les plus précieux à des habitants qui les enfouissaient dans quelque cachette ignorée de leurs maisons, pour les restituer quand le péril était passé. On ne cite pas un exemple d'un dépôt nié.

Les gens de Kalaa s'enrichissent par le commerce. C'est là que se fabriquent les burnous de laine fine, ces gandouras de forme si gracieuse, lamés de fils d'or, tramés de soie, frangés de liserés éclatants. Les femmes tissent les étoffes ; les hommes taillent, cousent, montent les vêtements, et vont les vendre en Tunisie, dans toutes nos possessions, et jusque dans le Maroc.

Ce plateau de formation calcaire et sur lequel la terre végétale qui s'y trouve a dû être rapportée, n'a point d'eau ; ni puits, ni citernes, ni sources ; à cent mètres environ de la ville et dans une anfractuosité du rocher, on a creusé trois bassins où les habitants viennent puiser l'eau provenant des pluies ou de la fonte des neiges. L'été les bassins se tarissent rapidement ; alors il faut descendre dans le ravin, par les sentiers les plus dangereux, pour aller s'approvisionner à l'oued Hamadouch qui coule au fond de la vallée, et du matin au soir c'est une procession de petits ânes grimpant ou descendant ces casse-cou avec de grandes cruches enfermées dans des couffins de sparterie. La rivière est à près de trois kilomètres de la ville.

Mais l'oued Hamadouch lui-même n'a souvent, dans les grandes chaleurs, qu'un mince filet d'eau facilement tari par les besoins d'une population de trois mille âmes, et les gens de Kalaa mourraient de soif, sans la prévoyance d'un marabout célèbre à qui le hasard fit découvrir, au pied du rocher sur lequel est bâti la ville, une source cachée dans une anfractuosité et produite par de nombreux suintements. A l'aide de quêtes chez les riches, de touizas (corvées) chez les indigents, il fit construire une fontaine adossée au rocher et fermant le bassin de la source.

Le petit monument est dans le style mauresque; deux piliers de pierre soutiennent une arcarde ogivale. Au centre est incrustée une inscription qui défend d'user de la fontaine, tant que l'oued n'a pas donné sa dernière goutte d'eau.

Du reste, pour éviter toute infraction à la défense, la fontaine est fermée et ne s'ouvre que de l'avis des trois amins; on enlève alors les chaînes qui retenaient le mécanisme et, à l'aide de poignées de fer qui soulèvent de petites portes de fer, les canaux s'ouvrent et donnent passage à l'eau.

Au moment de notre visite, la fontaine qui porte le nom du marabout qui l'a édifiée, Aïn-Youcef-ben-Khouïa, était entourée d'une foule de bourricots aux museaux blancs qui, immobiles, les yeux à demi-fermés, essayaient d'oublier, dans un calme philosophique, les fatigues, les misères, les horions qui pleuvent sur eux, du matin au soir, tandis que leurs turbulents conducteurs se disputaient ou se gourmaient.

Nous avions dû, pour monter à Kalaa, laisser nos chevaux, à Bordj-Boghni, et escalader les pics pendant plus de trois heures ; aussi étions-nous excédés de fatigue ; mais l'aspect fantastique de ce gigantesque pain de sucre, émergeant de cet entonnoir, sur lequel est bâtie une ville blanche et gracieuse d'aspect, nous fit oublier tous les périls du voyage, et pour ma part je serais resté en admiration, devant ce panorama merveilleux, si notre guide n'avait hâté notre marche, afin d'arriver dans la ville avant la nuit.

CHAPITRE XX

KALAA (SUITE)

Nous fûmes conduits chez l'amin pour lequel nous avions une lettre de recommandation. Sa maison située sur la place du principal quartier, El-Hamadouch, nous fut désignée par des Kabyles accroupis sous un porche. Elle ne se distinguait pas des autres, c'est-à-dire que des murs sans fenêtres, à l'exception d'une espèce de judas treillagé, et une porte basse ornée de ferrures énormes et assez grossièrement travaillées, composaient l'extérieur.

Notre guide alla frapper. Nous vîmes bientôt passer une tête par la porte entr'ouverte, et un colloque s'établit avec notre guide qui retira de son turban notre lettre d'introduction, et la montra au cerbère. Bientôt après nous étions introduits dans une cour, entourée de pilastres qui soutenaient une galerie de bois. Pour pénétrer dans l'intérieur, nous avions franchi, non sans courber l'échine, un porche garni à droite et à gauche de bancs de pierres polies par un fréquent usage.

Au rez-de-chaussée, il y avait dans le fond un hangar qui devait servir d'écurie, et à droite et à gauche des pièces sombres dont l'une me parut être une cuisine. On nous fit monter au premier par un escalier à marches élevées. Arrivés sur la galerie, nous vîmes venir à nous un vieillard à la démarche imposante, à la barbe blanche qui ajoutait encore à la gravité de son maintien. Ses petits yeux noirs, brillant sous un sourcil en broussaille, nous fixaient tour à tour M... et moi. « *Enta amin?* tu es l'amin, » lui dis-je, il répondit par un signe de tête, et demanda à notre guide qui nous étions, et d'où nous venions?

Le guide, après lui avoir baisé la main, s'empressa de répondre que nous étions des fonctionnaires français en voyage, et il présenta notre anaya, car c'en était un. L'amin prit la lettre, la lut lentement, et après l'avoir pliée et mise dans sa ceinture, il nous accueillit avec cordialité, mais sans rien perdre de sa gravité. Son grand air était encore relevé par ce

vêtement de laine blanche, si simple et si noble tout à la fois, qui n'a pas changé depuis le temps d'Ismaël. Il nous fit entrer dans une salle plus longue que large qui occupait tout un des côtés de la maison.

La nuit était venue; une lampe en terre, de forme antique, éclairait de ses trois mèches la pièce où nous entrions. Des bandes de tapis étaient étendues sur les carreaux de faïence, et le long de la muraille étaient entassés des matelas couverts d'étoffes de soie et d'oreillers en cuir brodé. C'est là que nous nous assîmes à l'orientale, les jambes croisées. L'amin nous fit demander si nous aimions le kouskoussou, et sur notre réponse affirmative, il donna des ordres. En ce moment, un jeune Kabyle, à peine vêtu d'une longue chemise flottante, apportait sur un plateau de cuivre des tasses de porcelaine et du café maure, attention tout à fait gracieuse, car les Kabyles ne prennent presque jamais de café. Je le trouvai excellent, et mon compagnon fit entendre, en signe d'approbation, un petit claquement de langue, accompagné d'un « bono, bono! » auquel l'amin parut sensible. Ce brave fonctionnaire ne parlait que le kabyle, et ne savait pas un mot de sabir[1], encore moins de français. Cependant après de violents efforts de mémoire, il nous demanda : « *Enta sabir el*

---

[1] Le sabir n'est ni une langue, ni un dialecte, c'est un composé de mots français, arabes, italiens, espagnols, latins même, et qu'ont créé les fréquents rapports des chrétiens et des musulmans. Sabir vient de *sapere*, savoir, connaître, comprendre.

arbi? toi savoir l'arabe : — *Makach,* non, répondions nous. — *Enta sabir el français?* et toi sais-tu le français? — *Makach;* je ne sais pas, » répondait-il à son tour. Dès lors la conversation devait languir entre nous. Nous parvînmes à lui faire comprendre que nous désirions visiter la ville, et il nous promit qu'il nous la montrerait le lendemain. En ce moment une voix claire et vibrante arriva jusqu'à nous, et nous entendîmes distinctement l'appel à la prière du soir. L'amin nous quitta un instant, sans doute pour accomplir son devoir de vrai croyant.

Bientôt après, les serviteurs apportaient une table basse sur laquelle ils déposèrent divers mets. L'amin était rentré et se disposait, sans y prendre part, malgré nos vives instances, à nous faire les honneurs du repas. L'hospitalité est une vertu générale chez les Arabes ou les Kabyles, et elle est touchante par la façon simple et grave dont elle est exercée. Entrez dans une tente, réclamez l'hospitalité au nom d'Allah; le maître de la maison vous répondra : Sois le bienvenu; puis lorsque vous partirez, l'Arabe hospitalier vous reconduira, en vous prodiguant les formules d'amitié : « Que ce jour soit heureux pour toi, que Dieu guide tes pas en ce monde, reste sur le bien, » etc. Ces souhaits sont sincères et rappellent l'hospitalité antique.

Le souper se composait de mets kabyles. D'abord un hachis de mouton nageant dans une sauce fortement épicée d'herbes aromatiques et de piments. Puis les pâtes feuilletées avec des lits de viandes, des poulets désossés et farcis d'amandes, des gâteaux au miel et à la fleur d'oranger, d'un parfum exquis. Nous avions fini notre repas, lorsque apparut une grande coupe en bois tourné, sur laquelle s'élevait une pyramide de kouskoussou. On mit devant nous des assiettes de faïence, luxe rare, et des cuillers de bois. Un vase en étain contenait une sauce brune au poivre rouge et aux piments verts. Nous nous servîmes de kouskoussou dans nos assiettes, en y mêlant de la sauce; mais ce n'est pas ainsi que le mangent les Arabes. Chacun fait, avec ses doigts, les plus propres avec une cuillère, un trou dans la pyramide. On creuse ensuite le sommet du cône en entonnoir, et on y verse la sauce qui se répand dans les trous faits par les convives. On prend alors un peu de kouskoussou dans sa main, on le roule en boulette que l'on s'introduit dans la bouche, et on recommence ce manége jusqu'à satiété¹. Puis une cruche ou une gamelle de lait aigre (*leben*) ou d'eau fraîche circule d'un convive à l'autre, et chacun y boit à son tour, car les verres sont inconnus. La politesse arabe veut que l'on boive sans respirer. « Bois, dit l'usage arabe, puis ôte le vase de tes lèvres, respire et recommence à boire. » Mais nous n'eûmes pas besoin de prendre ces précautions, l'amin, à défaut de verre, avait eu soin de mettre à nos côtés des tasses de faïence.

Quand nous eûmes assez mangé, le kouskoussou auquel nous n'avions fait, malgré notre appétit, qu'une légère brèche, passa aux gens qui étaient assis autour de nous, et qui gravement nous regardaient manger. A leur tour ils se mirent en cercle autour de la table, à l'autre extrémité de la salle, et l'amin prit avec eux sa part du souper. Puis notre jeune Kabyle, Caouadj, qui avait servi le café, nous donna à laver en nous versant sur les mains de l'eau tiède avec une aiguière d'une forme charmante, tandis qu'un autre nous aspergeait d'eau de

¹ Le kouskoussou est une espèce de semoule faite par les femmes, à la main et grain à grain. On le fait cuire, dans un plat percé de trous comme une passoire, au-dessus du bouillon, où mijote le bœuf ou le poulet qu'on sert en même temps. Une fois cuit, le kouskoussou est empilé et servi bouillant.

jasmin, à l'aide d'une buire à bouchon de cristal percé de petits trous. Après le repas, l'amin s'approcha de nous en prononçant quelques mots parmi lesquels je compris *redoua* (demain). Il nous souhaitait sans doute une bonne nuit.

Nous nous étendîmes sur nos matelas, tout habillés, à la mode arabe; la chaleur était étouffante dans cette chambre sans fenêtres, et je proposai à M... d'ouvrir la porte pour prendre l'air; il dormait déjà à poings fermés, et pour m'en assurer d'avantage, il se mit à ronfler. Je dois dire, pour lui rendre hommage, car on dit que c'est l'indice d'une conscience tranquille, que pendant toute la durée de notre voyage, à toutes les stations, qu'elles fussent d'un moment ou d'une heure, à peine la tête sur la terre nue, comme à Thifilcoutz, ou la pierre d'une tombe pour oreiller, comme sous le chêne gigantesque du cimetière des Beni-Raten, j'entendais la preuve évidente et bruyante de son sommeil. J'en étais presque jaloux, car la fatigue, la chaleur, la soif, m'excitaient à un point que je passais souvent mes nuits à m'agiter, à me retourner sans pouvoir trouver le repos. Quelquefois même certains multipèdes de couleurs diverses, sauteurs ou marcheurs, aiguillonnaient mon insomnie par leurs incursions sur mon individu.

Pour renouveler l'air et respirer, j'ouvris la porte qui donnait sur la galerie, un de nos spahis était étendu en travers pour nous défendre, sans doute ; peine inutile ! l'anaya nous protégeait plus sûrement que l'arme de notre gardien.

Le lendemain, au point du jour, nous étions sur pied. Un serviteur guettait notre réveil, et frappa des mains quand nous sortîmes de la chambre. Après d'amples ablutions qui nous ranimèrent, nous descendîmes dans la cour, où jouaient plusieurs enfants. Une négresse qui les gardait, tout en travaillant à un objet de sparterie, me parut fort belle ; ses yeux, fendus en amande et remontant vers les tempes, avaient l'éclat de l'argent mat dans son teint brun. Elle était tatouée sur le front, les joues et le menton de dessins rouges. Ses dents blanches et larges, brillaient entre ses lèvres bleuâtres ; son nez écrasé, aux narines ouvertes, entre les pommettes saillantes de ses joues, la faisait ressembler à un sphynx égyptien, et un haïk bleu bordé de rouge, dont le sommet était retenu sur le front par une cordelette en poil de chameau, semée de grains de corail et de grosses perles, complétait la ressemblance.

Une charmante petite fille de six à sept ans, formait avec la négresse un contraste parfait. Elle était rose et blanche; sa bouche souriait, ses yeux curieux qui nous regardaient à la dérobée souriaient aussi. Elle jouait avec un chevreau qui fuyait en bondissant, et qui revenant sur elle, la menaçait de son front désarmé. Une gandoura à raies roses et bleues, ouverte devant, laissait voir sa poitrine blanche, grasse, et quand l'enfant courait, ses charmants petits pieds teints de hennah apparaissaient sous la tunique. Des bracelets d'argent cerclaient ses chevilles, de longues nattes de cheveux roux ou plutôt violets, grâce à la teinture, étaient entremêlés de rubans de soie écarlate, et une calotte de paillon coquettement posée sur le coin de l'oreille lui donnait un petit air crâne des plus amusants. Je lui fis signe de venir près de nous, mais elle s'enfuit plus vite, et rentra dans la maison suivie du regard attendri de l'amin son grand-père. Il nous dit que c'était un des huit enfants de son fils. Elle se nommait *Ourida*, la petite rose, et le nom s'adaptait parfaitement à sa charmante petite personne.

LA FILLE DE L'AMIN DE KALAA.

Nous visitâmes la ville, vrai labyrinthe où Théséc, aidé du fil d'Ariane, ne se fût jamais retrouvé ; écheveau brouillé de ruelles étroites, enchevêtrées les unes dans les autres, serpentant à travers un amas confus de maisons uniformes de hauteur et d'aspect[1]. Les trois quartiers habités sont séparés par des remparts garnis de meurtrières, et la précaution n'est pas inutile, car très-souvent il existe des germes d'hostilité entre les habitants des divers quartiers, et de même qu'une étincelle rallume un incendie, le plus futile prétexte, deux enfants qui se battent ravive les animosités, et ils vident alors leurs querelles à coups de fusil.

La ville, perchée comme un nid d'aigle sur sa masse de granit, qui émerge d'un immense bassin volcanique en forme d'entonnoir, rattachée à la terre par cette étroite chaussée de rochers dont j'ai parlé, qui la fait ressembler au môle gigantesque d'un phare au bout d'une jetée, a un aspect vraiment fantastique.

Vu de la vallée, ce cône de roches, aux flancs duquel quelques sentiers abrupts ont été tracés, pour descendre soit à la plate-forme en surplomb où se tient

---

[1] Ainsi le veut la vieille coutume berbère.

le marché, soit à la rivière, qu'aucune végétation n'égaye, semble une de ces villes maudites que décrit Dante dans son *Enfer*.

Du haut des pitons de Bogni, au contraire, cet amas de maisons blanches couvertes en tuiles rouges, surmonté d'un minaret étincelant et de quelques arbres, frênes ou peupliers, a un aspect riant et gracieux. Puis la vue de l'immense vallée qui s'ouvre sous vos yeux est admirable par son étendue. Dans un lointain de quelques kilomètres et que de légères vapeurs qui flottent dans l'air semblent éloigner encore, s'élève de la vallée profonde le pays aride, difficile des Beni-Abbès.

Sur chaque mamelon, sur chaque plateau, on aperçoit un village blanc entouré d'une palissade naturelle d'arbres et de haies. Ils sont en vue les uns des autres et semblent n'avoir envahi les crêtes que pour se mieux voir et se porter secours au besoin. Au loin, et au pied de l'Azrou-n'hour, immense pic qui dresse dans l'éther bleu sa masse rousse, souvent couronnée de neige, le village populeux d'Azrou s'étend sur une plate-forme d'un accès difficile.

Spectacle grandiose ! l'œil se noie dans la contemplation de ces merveilles pour lesquelles l'homme a si peu fait, tandis que l'esprit, suivant sa rêverie, revoit, par la puissance de l'imagination, les combats livrés dans toutes ces contrées, non pour les asservir, mais pour les rendre amies. Notre guide nous désigne les villages où se fit la résistance la plus sérieuse, et dans les sentiers ardus qui y conduisent je crois voir nos chasseurs d'Orléans, comme on nommait alors les chasseurs à pied, marcher sous le feu plongeant des maisons kabyles, aborder le village et s'en emparer. Je vois les deux hameaux qui précèdent Azrou et je me souviens de ce brave 3ᵉ léger, montant à l'assaut d'un pas égal, l'arme au bras, comme à la parade, sans répondre à la fusillade. On me montre deux tours ruinées qui dominaient le pays et que les Kabyles appelaient les *Cornes du Taureau*, et, toutes démantelées qu'elles sont, je les revois debout, faisant feu de toutes leurs ouvertures crénelées sur nos zouaves qui grimpent, en s'aidant des pieds et des mains, tandis que nos boulets, passant par-dessus leurs têtes, vont ouvrir de larges brèches dans les flancs de ces postes avancés. Tous ces sentiers, toutes ces pentes solitaires étaient couverts de Kabyles fuyant leurs demeures incendiées. Le moyen a été violent, mais il a réussi. Aujourd'hui, la Kabylie, confiante, tranquille, ne songe plus à se soulever.

Ce fut une belle expédition que celle de 1847, qui donna une idée de notre puissance, de notre force et aussi de notre clémence aux Kabyles[1]. Plusieurs villages furent incendiés, mais Azrou fut épargné, car au moment où il allait être pris, un chef kabyle se présenta devant le maréchal Bugeaud entouré de son état-major, demandant l'*aman* pour lui et ceux du village et pour tous les autres chefs.

L'entretien qui s'établit alors entre lui et le maréchal, que le général Daumas a conservé, est curieux et digne d'être rapporté[2].

« Je viens te demander l'aman pour moi et les miens.

— Qui es-tu ?

— L'un des chefs des Beni-Abbès ; hier, je les excitais au combat ; c'est moi qui, plus vivement qu'aucun autre, ai repoussé les paroles de ton khalifa Mokrani. Tout ce que j'ai fait, je l'avoue. Maintenant, tu nous as vaincus, et, aussi franchement que je t'ai combattu, je viens te dire : Nous sommes prêts à t'obéir ; veux-tu nous accorder l'aman ?

---

[1] « Nous avions bien appris, disait un chef, que c'était folie de vous résister, tant votre puissance est grande: aujourd'hui, nous l'avons vu : notre œil est satisfait. »

[2] *Études historiques ;* Daumas, *la Grande Kabylie*, page 5.

— Tu l'auras si tu te soumets à nos conditions.

— Nous sommes dans ta main ; fais d'abord cesser la poursuite et l'incendie ; après, ordonne ce qu'il te plaira, nous l'exécuterons.

— Je ne veux pas traiter séparément avec chacune des fractions de la tribu ; il faut que toutes viennent à la fois ; alors je rappellerai mes soldats.

— Retire-les de suite ; moi, je parle au nom de tous les chefs ; demain soir je les amènerai tous à ton camp.

— Pourquoi seulement demain soir?

— J'ignore où ils sont à cette heure ; tout le monde fuit au hasard et de cent côtés différents ; une journée sera courte pour les rallier tous.

— Et s'ils refusent de te suivre?

— Ils ne refuseront pas. Que veux-tu qu'ils deviennent? S'ils refusaient, je viendrais seul à ton camp et je te servirais de guide pour brûler les autres villages.

— Va donc les rassembler, je resterai encore aujourd'hui et demain dans le camp que j'occupe au pied de vos montagnes ; je t'attendrai. »

Puis il fit ajouter par l'interprète qu'il avait confiance en sa parole, qu'il allait suspendre sa victoire, éteindre les incendies, respecter les champs non encore dévastés, mais que, s'il manquait à sa promesse, sa justice serait inflexible.

Le Kabyle partit après avoir baisé la main du maréchal, en disant :

« Si je manque à ma parole, que Dieu me fasse tomber entre tes mains et que tu m'envoies prisonnier à Paris. Demain, j'amènerai tous les chefs, ou je viendrai seul. »

Le maréchal fait aussitôt tirer trois coups de canon, signal de la retraite. Bientôt l'on voit sortir les soldats des villages mis à sac, chargés de butin de toute nature. Ils descendent par les sentiers et vont se former en bataille dans la plaine.

Le lendemain, tous les chefs des Beni-Abbès étaient dans la tente du maréchal Bugeaud et acceptaient les conditions de l'aman. Depuis ce jour, cette partie de la Kabylie a payé exactement l'impôt annuel que le vainqueur lui avait imposé.

Notre visite se termine par la mosquée principale, qui, gracieuse de loin, ne ressemble pas mal de près, à l'extérieur du moins, à une vaste grange surmontée de son pigeonnier. Cependant un péristyle à arcades orne la façade, et des Kabyles accroupis en prière, devant la porte fermée, lui donnent son cachet oriental. Nous refusons d'entrer pour ne pas troubler les méditations de ces pieux sectateurs de l'islam, et nous approchons d'un groupe compacte de Kabyles qui entoure un vieillard à l'œil intelligent ; son maintien grave, sa démarche austère, contrastent singulièrement avec l'expression et la vivacité du regard. C'est un tébib (médecin) d'une tribu voisine, qui donne des consultations et opère en plein soleil, *coram populo*. Ces exhibitions ont un but, d'accroître sa renommée d'adresse et de savoir, et avec elle sa fortune dont il se soucie plus que de la gloire.

Le vieux tébib paraît affable ; il parle avec douceur aux pauvres diables qui, pour deux tsémins (cinquante centimes), viennent le consulter. Il les rassure, les console, et ce serait plaisir de se confier à lui, si sa thérapeutique était moins primitive. En effet, elle se borne à trois prescriptions qui s'appliquent à toutes les maladies, selon qu'elles sont internes ou externes : saigner, brûler, ou faire boire une décoction d'achéba, espèce d'herbe dépurative. C'est un peu la méthode du célèbre docteur Sangrado, avec un élément curatif de plus, le feu. Pauvre Kabyle! as-tu la variole, la gale, la rougeole, une maladie cutanée quelconque, vite trois ou quatre pintes d'achéba chaque jour. Si tu guéris, ce qui est douteux, c'est grâce au remède; si tu meurs, Allah l'a voulu. Cet autre a-t-il mal à la tête, au foie, à la poitrine, souffre-t-il d'une pleurésie, d'une angine ou d'une hépatiste? une saignée, pratiquée à l'aide d'incisions longitudinales au col, à la poitrine, derrière les oreilles, ou aux chevilles, l'a bien vite envoyé jouir des douceurs du paradis de Mahomet. Il n'est pas rare de rencontrer des hommes tatoués de cicatrices symétriques qui attestent la fréquence et peut-être l'inutilité des saignées. Si le malade éprouve des douleurs rhumatismales ou nerveuses, le tébib applique, sans sourciller, des pointes de feu sur la partie malade, empruntant sans doute ce procédé aux Arabes qui pratiquent, dès le premier âge, de larges scarifications aux jambes de leurs chevaux, pour leur donner de la vigueur.

Voilà toute la science du tébib arabe ou kabyle, elle n'a pas exigé de longues études, et il en a trouvé le léger bagage dans la djébira de son père; mais, comme lui, par son air grave, il a su inspirer la confiance, et, en Kabylie, comme en France, la gravité du maintien en imposera toujours. Ah! j'oubliais; à ces talents peu variés le tébib en joint un autre. A l'aide d'une tenaille à branches recourbées, il extrait les molaires, avec accompagnement de gencives, comme Bilboquet, mais sans grosse caisse, ce qui constitue en sa faveur un avantage sur cet illustre saltimbanque; le prix est le même, du reste : un rébeïa, dix sols.

Quand nous approchâmes du cercle d'admirateurs ou de clients qui l'entourait, l'opérateur, dont je regrette de ne pouvoir transmettre le nom à la postérité, caressait l'humérus d'un vieux Kabyle assis à ses pieds, avec un outil rougi au feu, et traçait sur la peau, qui grésillait, de capricieuses arabesques. Le patient, les dents serrées, invoquait tous les marabouts de la Kabylie, espérant que son rhumatisme s'en irait, comme la graisse de sa chair, en fumée, qui montait en holocauste aux narines du sacrificateur.

M..., qui est délicat et sensible comme une jolie femme, n'en veut pas voir davantage et demande à s'en aller. Nous disons adieu à l'amin, qui nous accompagne jusqu'au chemin extérieur de la ville, en nous prodiguant les formules de bon voyage. Nous recommençons alors, en l'escaladant, la rude descente de la veille, et vers dix heures du matin nous arrivons à Akbou.

CHAPITRE XX

AKBOU — SI-BEN-ALI-CHERIF, AGHA DES TRIBUS KABYLES

Akbou est la résidence habituelle de Si-Mohamed-Saïd, chef de la Zaouia de Si-Ben-Ali-Cherif, agha de la province, et le descendant d'une des plus anciennes et des plus puissantes familles de la Kabylie. Il nous attendait; un de nos spahis était allé lui porter notre lettre de crédit, mais le général D... lui avait écrit directement, et l'avait prévenu de notre prochaine arrivée.

Le bordj de Ben-Ali-Cherif, assis sur un mamelon escarpé, est une vaste enceinte fortifiée, de construction toute française. La porte est grande ouverte, et sous le porche sont assis ou couchés les familiers de la maison. Ils sont aussi nombreux que les clients de ce riche Romain dont parle Horace. A gauche de la porte d'entrée, un pavillon est destiné aux hôtes, et c'est là qu'on nous installe. Une cour oblongue, où rôdent de grands lévriers, nous sépare d'un corps de logis, mi-français, mi-arabe, dont la façade est percée de fenêtres, garnies de persiennes; le rez-de-chaussée se compose d'une vaste salle à manger, ornée de dressoirs; le premier, d'un salon richement meublé; mais tout le corps de logis intérieur est bâti, meublé et fermé à la moresque. Il est habité par la famille de Si-Ben-Ali-Cherif qui, en bon musulman, ne laisse jamais pénétrer un regard indiscret dans ce sanctuaire.

Notre hôte paraît bientôt et nous accueille avec une aisance toute française. Il a une belle tête, un peu bronzée, avec des traits peu accentués et de grands yeux doux et sérieux tout à la fois. Cependant sa bouche sourit, mais en étudiant ce sourire, on s'aperçoit qu'il n'y a que de l'aménité et de la courtoisie. Si-Ben-Ali a un grand air de dignité, que rehausse une taille élevée; celui qui n'a vu que des Arabes de classe inférieure ne peut comprendre la distinction, la noblesse de maintien des chefs de grande maison, de grande tente, comme on les nomme; il en est de même des chefs d'origine kabyle.

Il nous fit, après l'échange de poignées de main, entrer dans la salle à manger, où était servi, à la française, un déjeuner entremêlé de plats arabes. Là, confortablement assis sur des chaises, autour d'une table couverte de beau linge et de riche argenterie, nous eûmes bientôt oublié nos fatigues du matin; du bordeaux étincelait dans les carafes de cristal. Ben-Ali se contenta de boire de l'eau, et il eut tort, ma foi, car son vin était excellent.

L'agha nous présenta son fils aîné, qui se mit à table avec nous. C'est un beau jeune homme de dix-huit ans, de taille moyenne, d'un maintien froid, gracieux cependant. Ses grands yeux noirs, à demi fermés par de longs cils, encadrés de sourcils très-arqués, ses joues imberbes, sa coiffure singulière, qui consiste en une bande d'étoffe bleu et blanc, serrée sur le front, découvrant les tempes rasées, et retenant en arrière la chachia, sa longue gandoura flottante, lui donnent un air un peu trop féminin pour un garçon de dix-huit ans. Ses mains blanches et longues, ses pieds cambrés et finement attachés aux chevilles, indiquent la pureté de la race. La famille des Si-Ben-Ali-Cherif, descend, m'a-t-on dit, du Prophète par une de ses filles.

J'avais causé très-librement avant le déjeuner avec ce jeune homme, qui parle assez bien notre langue; à table, je remarquai qu'il ne répondait plus à mes questions que par des monosyllabes; son père, qui s'aperçut de mon étonnement, me dit : « Veuillez l'excuser, s'il ne vous répond pas; il n'a pas l'habitude de parler devant son père. »

Nous voulions continuer, le jour même, notre voyage, et pour gagner quelques heures aller coucher à la Zaouia de Chellata; mais Ben-Ali-Cherif avait disposé de nous et de notre temps, et nous cédâmes avec plaisir à ses gracieuses instances. Le lendemain nous devions assister à une chasse au sanglier; c'était une surprise que le sidi nous avait ménagée; nous acceptâmes sans hésitation. Durant toute l'après-midi il expédia ses khielas à ses amis arabes pour leur transmettre son invitation, pendant que nous visitions un jardin d'orangers et de grenadiers qu'il possède non loin de son bordj, dans une vallée à l'abri des vents et des intempéries, vraie serre chaude en plein air.

A notre retour à Akbou, nous trouvons la cour pleine de mouvement et de bruit. Des cavaliers arrivent incessamment, et bientôt nos nouveaux amis du bordj de Beni-Mansour, le chef du bordj de Thazemath, arrivent à cheval, armés de leurs beaux fusils. Nous, qui n'avons pas d'armes, quelle piètre figure allons-nous faire au milieu de tous ces chasseurs? Mais le sidi a pensé à nous. Les armes ne nous manqueront pas, et qui sait? peut-être aurons-nous la chance d'envoyer notre contingent de balles aux solitaires des grands bois!

La soirée se passa gaiement, en causeries sur les Kabyles et sur le pays. La conversation vagabonde, capricieuse, tomba bientôt sur la sobriété si vantée des Kabyles et des Arabes. « Ils sont sobres, j'en conviens, dit un des chefs kabyles, mais quand s'offre une occasion, ils se gardent de la manquer, et alors ils se gorgent le plus qu'ils peuvent. Aussi, toutes les fois qu'un Kabyle a un étranger chez lui, voit-il accourir tous les désœuvrés, amis ou non, du village qui flairent un repas gratuit.. »

Les Arabes appellent ces parasites des tofaïliens, du nom d'un certain Tofaïl, qui a érigé le parasitisme en principe, je dirai presque en religion du ventre, et a posé la doctrine en quelques règles pratiques fort écoutées et fort suivies. Voici un de ses apophthegmes :

« Que celui qui se présente à un repas de noces,
« sans être invité, évite de regarder çà et là d'un air
« incertain. Choisissez la meilleure place; si les con-
« vives sont nombreux, passez hardiment sans sa-
« luer personne, afin que les gens de la mariée croient
« que vous êtes des connaissances du mari, et que la
« famille du mari vous pense ami de la mariée. »

Un poëte arabe a dit de Tofaïl :

« S'il apercevait deux galettes beurrées dans un
« nuage, il prendrait son vol sans hésiter. »

Les citations ne tarissaient pas; un des assistants conta une anecdote peu connue d'un adroit disciple de Tofaïl.

Un tofaïlien apprend que, dans une maison, il y a un grand festin; il accourt, mais la porte est close, il ne peut entrer; il cherche, il s'informe si le maître du logis n'a pas quelque parent, quelque associé de son commerce en voyage; il est bientôt renseigné. Un des fils de la maison fait, en ce moment même, le grand pèlerinage de la Mecque, que tout bon musulman doit entreprendre au moins une fois dans sa vie. Il se procure une feuille de parchemin, la plie en forme de lettre et la cachète, selon l'usage, avec de l'argile; puis il prend des vêtements sales et poudreux, courbe son échine sur un bâton de voyage, donne à son visage l'expression de la fatigue, et frappant à la porte, il dit qu'il vient de la part du fils de la maison. A ce nom aimé, on ouvre; l'amphitryon averti se précipite au-devant du messager, et lui demande des nouvelles :

« Tu l'as vu, lui dit-il, comment se portait-il quand tu l'as quitté?

— Sa santé était excellente, en vérité, répond le tofaïlien d'une voix faible.

— Parle, répond le père, donne-moi des détails; où en était-il de son voyage?

— Je ne le puis, je n'ai pas la force de parler, tant je souffre de la faim... »

Le maître du logis s'empresse de le conduire à la salle du festin, le fait servir, et le pauvre voyageur se hâte, précipite les bouchées, engloutit tous les mets avec voracité, il mange pendant plus d'une heure, et tous les convives admirent ce brillant appétit. Enfin, il a terminé son repas, et l'amphitryon de lui dire :

« Mon fils ne t'a-t-il pas donné une lettre pour moi ?

— Certainement... » reprend le tofaïlien.

Et comme il comprend que le moment difficile est arrivé, il tire lentement la lettre des plis de son turban. — Le père la prend et s'aperçoit que le cachet est encore humide ; il en fait l'observation.

« C'est vrai, répond le parasite, et même ton fils s'est tant pressé qu'il n'a pas pris le temps de rien écrire dans la lettre...

— Comment, c'est une mystification! Serais-tu un tofaïlien ?

— Mais oui, en vérité.

— Mange donc alors, et que Chittan[1] trouble ta digestion. »

Le parasite fut mis à la porte, mais il avait dîné[2].

On en vint à parler de la chasse, qui est un des grands plaisirs des chefs kabyles; outre le sanglier, l'hyène, le chacal, le renard qui abondent dans le

---

[1] Satan.

[2] Voir l'ouvrage de M. Perron, *La femme arabe dans les temps anciens et modernes*. Cette anecdote y est racontée avec plusieurs autres très-curieuses sur les tofaïliens.

pays boisé, le lièvre, le lapin, la perdrix, la palombe, la grive, l'étourneau pullulent dans les champs, et le Kabyle leur fait une chasse active, remplaçant, par économie, dans leurs fusils, le plomb par des graviers fins.

Les montagnes des Zouaouas, nous dit un agha du Melikeuk, voisines de cette tribu, renferment des panthères que l'on prend au piége et des quantités énormes de singes qui viennent s'abattre par bandes sur les jardins et les dépouillent de leurs fruits, principale nourriture des Kabyles. Les kharoubes, les figues, le raisin, les abricots, les coings, les pommes, tout leur est bon; mais quelquefois aussi ils sont surpris à leur tour par les propriétaires en embuscade qui en font un massacre général, et après, de leur chair, un repas succulent.

CHAPITRE XXII

LE CONTEUR ARABE

Si-Ben-Ali-Cherif, pour varier les plaisirs de la soirée, nous proposa d'introduire un conteur arabe, très-célèbre dans la contrée, et dont les récits, tantôt gais, tantôt dramatiques, plaisent tant aux Orientaux indolents, qui s'épargnent ainsi la fatigue de parler ou même de penser. La proposition fut agréée; les chibouques allumés, on fit entrer le conteur, qui, laissant ses babouches à la porte, s'en vint baiser la main du maître de la maison; puis il se dépouilla de son burnous, le plia, s'accroupit dessus et attendit respectueusement l'autorisation de commencer son récit. Je l'observais pendant ce temps. C'était un petit homme, entre deux âges, à la figure intelligente et fine, aux yeux sans cesse en mouvement. Sur un signe, il commença, et bien que je ne comprisse pas un mot de ce qu'il disait, j'éprouvai un certain plaisir à entendre cette langue, d'ordinaire si rude et si gutturale, douce et flexible dans sa bouche, je me laissais bercer à cette musique de l'harmonie et du nombre, car ce qu'il récitait était un poëme, dont la traduction ne saurait donner une idée exacte[1]; essayons cependant.

« C'était dans les siècles anciens, dans un temps intermédiaire entre l'apparition sur la terre des deux prophètes, Jésus et Mohamed. Les hommes s'agitaient sous le regard de Dieu, sans prophètes pour dicter la loi qui règle le bien et le mal. Les sages attendaient, le jour et la nuit, le lever du soleil des prophètes, de notre seigneur Mohamed, l'élu d'Allah. Ils adoraient le Dieu de Moïse et d'Abraham, et n'avaient d'autres vertus que de pratiquer l'hospitalité et de protéger ceux qui demandaient l'anaya.

---

[1] J'ai lu une traduction mot à mot des contes des *Mille et une Nuits*; elle ne ressemble en rien aux pâles compilations de M. Galland. C'est pour les poëtes arabes que le proverbe italien est vrai : *Traduttore traditore*.

« En ce temps-là, les enfants de la tribu de Tasm, fils d'Azhar, fils de Sam (Sem), fils de Nouh (Noë), qui sont les plus braves de tous les Arabes, étaient gouvernés par le roi Imlik, qui régnait aussi sur la tribu des Djadicides, descendants de Djadi, fils d'Anis, fils d'Azhar[1]. Ces tribus, de souche commune, étaient sœurs, elles campaient dans le Yamamah[2], et étaient puissantes. Imlik, enivré de sa force et de son pouvoir, se livra à tous les excès de la tyrannie la plus odieuse.

« Une femme djadicide alla implorer sa justice contre son mari qui, en la répudiant, voulait garder la fille issue de leur union. Imlik ordonna de vendre, comme esclaves, la femme et le mari, dans des tribus différentes, et de donner au mari le cinquième du prix de la femme, et à l'épouse le dixième du prix du mari ; le surplus devait entrer dans les coffres royaux, la jeune fille fut réservée pour son harem.

« La femme indignée improvisa ces vers :

« Nous sommes venus demander justice, ô roi des
« Tasmides, et une sentence injuste a été rendue
« contre nous.

---

[1] Ptoléméc parle des Djadis, qu'il nomme Jeticidaï.
[2] Le pays qu'arrose l'Yémen.

« Je le jure par Marie, ô roi ! tu as rendu un juge-
« ment inique, tu ne sais ce que c'est que la justice.

« Je me repens d'en avoir appelé à ton autorité,
« mais à quoi servent mes regrets ? Comment remédier
« à mon malheur ? »

« Ces vers irritèrent Imlik, qui, pour se venger, frappa d'un impôt ignominieux toutes les femmes djadicides qui se marieraient désormais. Le tribut fut payé jusqu'au temps où se maria Ofayrah, fille d'Ofar, et sœur d'Aswad, chef parmi les Djadis.

« Ofayrah refusa de payer l'impôt, et l'œil en feu, échevelée, furieuse, environnée de la foule des femmes, elle parcourait les tentes en excitant les Djadicides à la vengeance ; elle répétait dans les tribus les vers inspirés par son indignation :

« Non, il n'est rien de plus avili que les Djadis ! ils
« laissent insulter leurs fiancées, leurs épouses ! Di-
« tes ! l'homme de cœur qui a fait ses présents à sa
« fiancée, qui a payé le douaire, peut-il consentir à
« tant d'ignominie ?

« Oh ! la mort, la mort, plutôt que de laisser ou-
« trager l'épouse qu'il a choisie !

« Mourez donc en gens de cœur, ou bien assassi-
« nez votre ennemi; allumez, secouez les mille bran-
« dons de la guerre!

« Ou bien fuyez de ces contrées, allez cacher votre
« honte au milieu des déserts, et périssez de misère.

« Ah! le trépas est plus beau que le séjour au mi-
« lieu de vous, dans l'abjection et la souffrance!

« Après de si grands outrages, si la colère ne vous
« fait pas bondir le cœur, soyez donc femmes; allez
« vous faire parfumer comme des filles, vous n'êtes
« faits que pour porter des haïks et laver des gandouras.

« Loin d'ici celui qui n'ose s'armer contre le ty-
« ran pour laver dans son sang la pudeur outragée des
« femmes! Loin celui qui ne sait que se pavaner et
« marcher fier au milieu de nous! »

« C'est ainsi qu'Ofayrah allumait l'indignation et
soufflait la vengeance. Aswad, son frère, était puissant
et aimé de ses frères : il les poussa à la révolte.

« — Enfants de Djadis, criait-il à la multitude as-
« semblée autour de sa tente, les fils de Tasm sont-
« ils plus que nous, parce que le roi qui nous com-

« mande est de leur race? Renversons ce tyran, ce
« sera un acte méritoire. J'ai conçu un projet qui
« nous affranchira du tribut honteux qui pèse sur
« nous. Venez à moi, vous tous que le malheur a
« frappés. »

« Les hommes de la tribu répondirent :

« — Parle, nous te sommes dévoués, mais les
« Tasmides sont plus nombreux, plus forts, mieux
« armés que nous.

« — Écoutez! j'ai le dessein d'organiser un grand
« festin hors des tentes ; j'y inviterai le roi qui y vien-
« dra avec ses Tasmides, et quand ils seront au mi-
« lieu de nous, à s'enivrer de la liqueur fermentée,
« à s'admirer dans leurs longs vêtements de fête, sai-
« sissons nos armes et égorgeons-les jusqu'au der-
« nier. »

« Aswad prépare un grand repas hors des tentes,
et recommande à chaque Djadicide de cacher à l'a-
vance un sabre tranchant, sous le sable, à la place
qu'il devra occuper. Au signal d'Aswad qui frappera
le roi, chacun devra massacrer un des chefs tasmides.

« Imlik fut invité; Imlik vint entouré de toute sa cour. La foule revêtue de longues tuniques s'avança en bon ordre et s'assit en cercle sur les tapis; ils mangèrent, ils burent à longs traits, et lorsque la gaieté préside au festin, Aswad se lève et renverse Imlik sans vie. Les Djadicides sont armés et frappent le convive le plus voisin; un carnage affreux commence; les nobles sont égorgés, et après eux, la foule éperdue; un seul homme échappa. Il s'appelait Riah, fils de Mourrah. Riah s'enfuit et alla implorer le secours du tobba Hassa, roi des Himiarides dans l'Yémen.

« Prince, dit Riah, au tobba, nous sommes tes
« rayas; les Djadicides ont violé les lois de l'huma-
« nité; viens à ma parole contre ces hommes qui
« nous ont tendu un guet-apens infâme. Viens, tue-
« les, et il y aura pour toi glorieuse récompense; ja-
« mais tu n'entendras récit d'une pareille trahison,
« jamais tu ne verras jour pareil à celui où la traîtrise
« assassina les Tasmides!
« Nous étions venus chez eux, sans défiance, sans
« armes, la ceinture aux flancs, avec nos manteaux
« rouges aux vertes broderies; on nous offrit une
« diffa de mets nombreux étalés sur les vastes tapis,

« en plein air; puis les oiseaux de proie, les tigres se
« ruèrent sur nous.

« Viens, fonds sur cette tribu que Dieu ne saurait
« protéger ni défendre. »

« Le tobba promit son secours, réunit son armée et partit du côté du Djaù, où étaient réunies les tentes des Djadicides. Lorsqu'on fut à trois jours de distance, Riah dit au tobba.

« Prince, j'ai une sœur qui est mariée parmi nos
« ennemis : elle se nomme Zarka-el-Yamamah (le bluet
« du Yamamah), parce qu'elle a les yeux bleus. Son
« regard perçant distingue un homme à une distance
« d'un jour et une nuit de marche. Je crains qu'elle
« ne nous voie et qu'elle ne mette les Djadicides sur
« leurs gardes; ordonne à tes soldats de se munir de
« branches d'arbres et de marcher derrière. »

« Le roi ordonna à ses soldats de suivre le conseil de Riah.

« On approcha de l'Yamamah, au milieu de la nuit. Zarka dont la vue est plus perçante encore la nuit que le jour, plongea son regard dans l'obscurité et cria :

« Enfants de Djadis, je vois des arbres qui mar-

« chent, et derrière eux les Himiarides. On ne fit
« que rire de son avis. »

« Le lendemain, à l'aube, le tobba surprenait les
Djadicides, mettait tout à feu et à sang, et massacrait
tous les habitants du Djaù. Zarka fut amenée devant
le tobba qui lui dit :

« — Qu'as-tu vu ?...

« — J'ai vu des arbres, et derrière ces arbres
« marchaient des hommes armés. »

« Le roi fit arracher les yeux à Zarka, et ordonna
qu'on la pendît à la porte de la ville de Djaù. Puis il
changea le nom de la ville et la nomma Yamamah en
souvenir de Zarka[1].

« Le meurtrier d'Imlik, Aswad et sa sœur Ofayrah,
échappèrent au carnage et, fuyant sur un coursier rapide, ils allèrent s'établir sur les monts Adja, à la limite de Hedjaz. Plus tard, Samah, chef de la tribu des
Beni-Tay, suivi de tous ses gens, abandonnant les sauvages plaines de l'Yemen, vint s'établir dans la vallée
fertile où croissent les dattiers, entre le Selma et
l'Adja. Les Beni-Tay s'emparèrent des troupeaux qui
paissaient dans la vallée ; bientôt vint à eux un homme
de stature gigantesque ; c'était Aswad, fils d'Ofar. A

---

[1] Ce fait s'est passé l'an 358 de l'ère chrétienne.

son aspect, les Beni-Tay furent stupéfaits, car jamais ils n'avaient vu d'être humain de taille aussi haute. Ils se retirèrent; mais bientôt remis de leur frayeur, ils revinrent sur leurs pas, et l'un d'eux, fils de Samah, nommé El-Rauth, suivi de quelques hommes, alla trouver Aswad, et conversa longtemps avec lui; Aswad s'informa de leur pays, de leurs intentions, et pendant qu'il écoutait leurs réponses, El-Rauth lui décocha une flèche et le frappa mortellement. La tribu des Djadicides s'éteignit avec lui, et les Tayïdes s'emparèrent du pays[1]. »

[1] Cette poétique légende est populaire en Kabylie. M. Perron l'a traduite dans son livre des *Femmes arabes, avant et depuis l'islamisme.*

CHAPITRE XXIII

LA CHASSE AU SANGLIER. — LE FAUCON. — LA DIFFA
LA FANTASIA. — DÉPART D'AKBOU

Le lendemain, dès la première heure du jour, nous étions à cheval. Nous devions courre un sanglier dans les broussailles de la plaine de l'Oued-Sahel, qui avoisine Akbou. Puis Ben-Ali-Cherif nous avait fait espérer, pour l'après-midi, si le temps était propice, et si le forcement du sanglier ne nous entraînait pas trop loin, de nous faire assister à une chasse au faucon. Nous descendîmes dans la plaine où étaient déjà réunis tous les invités arrivés la veille au bordj. Si-Ben-Ali-Cherif montait un beau cheval gris, harnaché à la légère d'une selle plus petite que les selles arabes, sans poitrail, et garnie d'étriers très-minces. Nos chevaux étaient aussi munis d'une bride sans montants et sans œillères, et d'une espèce de panneau recouvert de maroquin. Derrière l'agha marchait son porte-fusil; puis venaient conduits en laisse, quelques beaux chiens, et parmi eux, quatre lévriers d'une taille et d'une force peu communes. Ces nobles bêtes, de la race slougui, nourris, quand ils sont jeunes, de pâtées de dattes, sont l'objet des soins des plus attentifs de la part de leurs maîtres. Ils vivent dans la maison, suivent le sidi dans ses visites, et ne chassent qu'avec lui. Ils font partie de la famille.

Quelques invités, pour faire honneur à leur hôte, avaient paré leurs chevaux et revêtu leurs plus riches costumes. L'un d'eux, surtout, montant une admirable bête dont les veines dessinaient leurs lignes sinueuses sous sa robe noire, l'avait harnachée d'une selle poinçonnée d'or et d'une bride rouge lamée d'argent. La jument fière de sa parure et du maître qu'elle porte, dresse sa tête intelligente, piaffe, bondit et, en se cabrant, fait sonner contre l'étrier le long fusil cerclé d'argent qui pend à l'arçon.

BEN-ALI-CHERIF.

Le cavalier vêtu d'un haïk brodé qui lui serre la taille, de longues bottes de maroquin, est encore enveloppé d'un burnous blanc, orné de houppes de soie. Un immense chapeau de paille rouge avec tresses de cuir complète ce costume trop riche pour courir les halliers.

Nos vêtements étriqués font triste figure au milieu de ces burnous éclatants, mais aucun des invités ne songe à le remarquer.

M... et moi avons chacun un yatagan à fourreau d'argent, pendu au col par un cordon de soie et en mains, un fusil kabyle dont la crosse aplatie et niellée d'arabesques est surmontée d'une batterie à pierre avec un rouet pour la mouvoir comme les arquebuses du moyen âge.

Cette arme lourde et difficile à manier me gênait, je m'en débarrassai en faveur d'un des spahis de la suite pour être plus libre de mes mouvements.

L'aube présageait une belle et chaude journée, le soleil levant frangeait de pourpre les légers nuages amassés à l'Orient. Nous rejoignîmes les chasseurs, et après les saluts d'usage qui consistent à étendre la main droite sur la poitrine, chacun prit son rang, et l'on se mit en marche, sur une seule ligne de plus d'un kilomètre.

La chasse à courre des Arabes est silencieuse au départ ; là point de trompe qui sonne le bien aller, la vue, l'hallali. Des rabatteurs battent les fourrés pour faire sortir le sanglier de sa bauge. Une fois débusqué, les chiens sont découplés et s'élancent sur la piste, et leurs aboiements furieux sont la seule fanfare qui accompagne la bête qui fuit devant eux.

Nous marchions, les chevaux piaffant, animés, impatients. On voyait au loin les têtes des Arabes paraître et disparaître. Tout à coup éclate une clameur formidable. Haou ! haou ! crient les rabatteurs ; les chiens hurlent en tirant sur la longe, ils partent, nous les suivons, la chasse commence.

A cent pas devant nous, les branches craquent et se brisent. Le fourré s'entrouvre, et un sanglier, les soies hérissées, roule, suivi de la meute. Il pique droit devant lui, sans chercher le taillis, dans la lande découverte. Les chiens suivent de près ; la longue ligne des chasseurs se courbe et forme bientôt un immense croissant dont nous sommes le centre. Les fusils partent, les burnous flottent au vent, les chasseurs mêlent leurs cris aux aboiements des

chiens; un soleil splendide éclaire cette scène et
inonde la plaine de ses rayons. Quel magnifique spectacle ! Les fourrés de bruyères, de tamarins, d'ar-
bousiers sont franchis non sans laisser aux ronces
des débris de vêtements. Le sanglier va toujours droit
devant lui, et disparaît bientôt dans un pli du terrain. Le terrain qui d'Akbou, semblait une plaine
unie, n'est qu'une série de mamelons couverts de
chaume et de palmiers-nains qu'il faut gravir et
descendre. La chasse se ralentit par suite des
obstacles, mais reprend bientôt son allure endia-
blée. Le sanglier reparaît; trois slouguis le coiffent,
et restent, malgré ses efforts, pendus à ses oreilles. Il court cependant encore, bientôt il se ralentit, il s'arrête et disparaît sous la meute qui
le tient. Nous approchons, mais nous ne voyons
qu'un fouillis de peaux bigarrées qui s'agitent sur le
sanglier. Il serait dangereux pour les chiens de tirer. Un Arabe descend de cheval, et armé d'un
yatagan, va frapper l'animal au défaut de l'épaule.
Il tombe en poussant un farouche grognement, et les
valets de chien les fouaillent pour leur faire lâcher
prise.

Le courre avait duré une heure au plus, et nous

étions à plus de dix kilomètres du point de départ. Après la curée, le ragot, pendu par les pattes, était emporté par les Arabes; et nous, nous piquions une pointe vers un taillis que nous montrait Si-Saïd, à l'horizon.

Après une course d'un quart d'heure, nous arrivions en face d'une tente circulaire, où nous devions déjeuner. Des feux étaient allumés en plein air, et l'on voyait autour une foule affairée de serviteurs.

Nous entrâmes dans la tente, et assis à l'arabe sur des nattes, nous commençâmes à manger, après quelques instants de repos. On servit d'abord une espèce de potage, appelé cherba, dont je ne pus deviner la composition, car je ne sentis que les brûlures du piment rouge dont il était saturé. Quelques cuillerées suffirent à me mettre la gorge et le palais en feu; mais j'avoue que la sensation violente une fois passée, mon appétit s'en accrut. Des galettes au beurre furent servies avec divers mets aux œufs et aux oignons. Puis deux hommes apportèrent sur un plat de bois, recouvert d'une serviette, un mouton tout entier rôti et encore embroché. Le maître d'hôtel prit la broche et la tira vivement à lui, en appliquant avec son talon nu un coup sec sur le train de derrière de la bête, puis il la dépeça fort adroitement avec les doigts et avec un couteau, déposant autour du plat les morceaux qu'il enlevait. Chacun de nous en mangea à satiété ; il était exquis, et cette manière de cuire à la flamme un animal entier est bien supérieure à la cuisson européenne. Le bordeaux, le champagne circulaient, et je remarquai que les Arabes buvaient volontiers du champagne, qu'ils ne considèrent pas comme du vin. Quelques fruits de la saison, du café excellent, des pipes chargées de ce tabac blond et parfumé de l'Orient, terminèrent cette diffa. Un raffinement que je dois noter, m'avait frappé ; pendant tout le repas des serviteurs agitaient de grands éventails de plumes d'autruche, pour rafraîchir l'air de la tente.

Après une heure de sieste, pendant laquelle on rêva plus qu'on ne causa, je n'oserais même pas affirmer que M... n'ait pas dormi à la barbe de notre hôte, nous remontâmes à cheval pour suivre les péripéties d'une chasse au faucon.

Les djouad et les marabouts, c'est-à-dire les gens de race noble, seuls chassent au faucon, de même qu'autrefois cette chasse était plaisir royal, permise seulement à quelques seigneurs privilégiés.

L'oiseau de race, *thair el horr*, qui devait nous donner ce spectacle si nouveau pour nous, était de la grosseur d'un pigeon, la tête petite, le bec fort et court, les pattes jaunes et garnies d'ongles acérés. Il était porté sur l'épaule de l'homme, *el biaz*, chargé de le soigner et de le nourrir. Puis l'agha, la main couverte d'un gant de peau, le prit sur le poing. Les cavaliers d'escorte, à un signal du maître, se disséminèrent, battant les buissons pour en déloger quelque lièvre tapi sous l'herbe.

Bientôt le galop des chevaux se rapproche, un lièvre est signalé, et le pauvre animal passe à cent mètres de nous, fuyant à toutes jambes. Nous pressons le galop, et sans s'arrêter, l'agha enlève le capuchon de l'oiseau et le lâche, en lui indiquant du doigt le lièvre qui fuit. Le faucon s'élance d'un vigoureux coup d'aile, pique une pointe droit dans le ciel, à perte de vue, tout en suivant sa proie de son œil perçant ; puis il se précipite de haut, s'abat sur lui et le frappe à la tête d'un coup de ses serres fermées ; c'est du moins ce que me dit son gardien, *el biaz*, car j'étais trop loin pour juger du coup de poing de l'oiseau. Nous accourons, le faucon acharné sur le pauvre lièvre lui dévorait les yeux. Le fauconnier saigna la bête, l'ouvrit et en donna quelques morceaux choisis au faucon, puis il le prit, lui remit son capuchon orné de filigranes d'argent et de houppes de soie, lui attacha à la patte une entrave, et le rapporta à Si-Ben-Ali-Cherif, qui le plaça sur son épaule, en lui disant de douces paroles, parmi lesquelles revenait souvent le mot : *ourze, ourze*. Le faucon semblait comprendre, ses yeux jaune d'or étincelaient sous son capuchon et, en signe de contentement, il se dandinait d'une patte sur l'autre, faisant, comme disent les Arabes, sa fantasia.

La chasse était terminée, et nous rentrions à Akbou. Une vingtaine de cavaliers des mieux montés étaient partis en avant, et déjà nous les avions perdus de vue, dans le tourbillon de poussière qu'ils soulevaient, lorsque tout à coup nous les vîmes revenir à fond de train. Les burnous flottent, les armes étincellent au soleil, on dirait un tourbillon qui va nous écraser de sa masse; tout à coup ils s'arrêtent court à quelques pas de nous, déchargent leurs fusils dans les jambes de nos chevaux, en poussant des hurrah, puis, faisant pivoter sur eux-mêmes leurs chevaux rompus à ces exercices, ils reprennent leur course, s'enfuyant comme des oiseaux effarouchés, rechargeant leurs armes en fuyant, pour revenir sur nous avec la même furie et les mêmes cris. Les Arabes faisaient aussi leur fantasia en l'honneur de leur chef et de ses hôtes. Ils firent, suivant leur pittoresque expression, parler la poudre jusqu'au pied de la colline qui conduit à Akbou. Vingt fois ils renouvelèrent cette charge guerrière faisant tournoyer leurs longs fusils au-dessus de leurs têtes, et animant leurs chevaux par leurs cris, par leurs appels, au milieu desquels on distinguait ces mots : arroi, fissa, fissa (marche vite, vite).

Je ne me lassais pas d'admirer l'aisance, la grâce même avec laquelle les Arabes guident leurs chevaux. Assis sur leur haute selle, les genoux à la hauteur du garot du cheval, les pieds chaussés de larges étriers, ils le font bondir, caracoler, sauter des quatre pieds à la fois, pirouetter sur les jambes de derrière avec une franchise d'allures, une vigueur, une audace que n'auront jamais nos cavaliers et nos chevaux français ou anglais.

L'Arabe et le cheval unis l'un à l'autre semblent n'avoir qu'un corps et qu'une volonté, et cela se comprend ; dès l'enfance, l'Arabe vit avec les chevaux, il apprend à les élever, à les aimer, et cette affection est un article de foi pour lui ; le prophète n'a-t-il pas dit :

« Les biens de ce monde, jusqu'au jour du jugement, seront pendus aux crins qui sont entre les yeux de nos chevaux. »

Dire à l'Arabe que les richesses, les honneurs dont il est avide tiennent aux crins de son cheval, c'est le lui rendre cher, et Mahomet qui connaissait les instincts des peuples qui l'entouraient, voulut unir le cheval à l'homme par le lien le plus solidement enraciné au cœur, l'intérêt personnel ; c'est avec ces promesses de gloire, de richesses et de félicités éternelles pour ceux qui succomberaient dans les combats, qu'il entraînait, du fond de l'Asie, ces hardis cavaliers à la conquête de l'Occident.

CHAPITRE XXIV

CHELLATA. — LA MAISON DE SI-BEN-ALI-CHERIF. — LA ZAOUIA

Le lendemain nous quittions le bordj de Si-Ben-Ali-Cherif, malgré ses instances pour nous garder la journée entière, qui promettait d'être brûlante. En effet, à peine étions-nous hors des portes, que nous nous sentions la face et les yeux brûlés par une bouffée d'air chaud, comme si nous passions devant la bouche d'un four. Nos spahis marchaient tranquillement avec cette impassible sérénité d'hommes qui sont dans leur élément. Chevaux et mulets s'en allaient tête basse.

Je demandai ce que c'était que cette effluve brûlante qui m'enveloppait, et spahis, muletier, répondaient en même temps, en montrant le sud : *el gueubeli;* c'était le vent du désert, dont on ressent bien les atteintes à Alger, où il porte le nom de sirocco, mais il y arrive affaibli, rafraîchi par le passage sur les montagnes.

Je me sentais énervé par cette chaleur étouffante; une poussière fine, tamisée dans l'air, me desséchait la gorge et me brûlait les narines. La contrée que nous traversions pour arriver à Chellata, me parut, soit effet de la fatigue que j'éprouvais, soit en réalité, en harmonie avec nos souffrances. C'était un site sauvage, morne, grandiose cependant. Nous cheminions sur la crête d'un rocher et dans la profondeur de la vallée, il me semblait que nulle trace de végétation n'y apparaissait. Le ciel était voilé de teintes cuivrées, et le soleil parvenait à peine à montrer au travers son disque terni. Tout semblait endormi; pas un oiseau ne faisait entendre un battement d'ailes, pas un insecte son bourdonnement.

Le muletier, plus habitué que nous à ce sirocco enragé, se laissait bercer par le pas de sa mule, et de temps à autre il se réveillait à demi pour lancer, d'une voix éteinte, quelques notes d'un chant monotone.

Devant nous le plateau dégarni d'arbres s'étend en montant à perte de vue, embrasé par une lumière sans reflets. Bientôt les crêtes s'élargissent; nous approchons de Chellata, village blanc, enfoui au milieu des noyers et des frênes, et dominé par un rocher énorme, à flancs escarpés, connu sous le nom de Tisibert.

Ce rocher, couronné d'une muraille naturelle qui le rend presque impraticable, fut cependant, lors de la campagne de Kabylie de 1857, escaladé par nos soldats, à travers une fusillade terrible, et malgré les pierres que roulaient sur eux les insurgés. Le plateau du Tisibert est resté célèbre par le carnage qui se fit des Kabyles, obligés pour s'enfuir de passer sous le feu, à bout portant, et sous les baïonnettes des zouaves.

Nous arrivâmes harassés, exténués à Chellata, et l'on nous conduisit aussitôt à la maison où est né Si-Ben-Ali-Cherif. C'est une petite maison mauresque à arcades et à galerie, que rien ne distingue des autres. Nous ne nous y arrêtâmes que le temps nécessaire à un repos d'un moment. Le cheikh de la zaouia vint nous chercher pour nous en faire les honneurs.

Un des ancêtres de Sidi-Ali-Cherif[1], descendant de

---

[1] Les Arabes donnent le nom de sid ou sidi à leurs supérieurs et aux gens

Mahomet et originaire du Maroc, vint se fixer à Chellata où existait une modeste zaouia, c'est-à-dire une école où l'on apprenait aux enfants arabes à lire le Koran. Le jeune voyageur était pauvre, mais d'une grande vertu, et il sut si bien, par ses qualités, par son savoir, s'attirer l'affection du cheikh de la zaouia, que celui-ci le garda près de lui et lui donna sa fille. La zaouia devint alors très-célèbre et très-fréquentée; car à la lecture du Koran et de la Somma, (tradition,) l'ancêtre de Ben-Ali joignit l'étude de la jurisprudence, des principes du droit musulman, de la grammaire, de la poésie, des mathématiques et de l'astronomie. Des tolbas furent adjoints à l'école[1]; les jeunes étudiants donnaient en entrant une somme de dix francs, et pour cette somme, une fois donnée, ils étaient logés, nourris et instruits. Le produit de ces pensions était insuffisant à couvrir les frais, mais les dons des chefs kabyles, des croyants fidèles, suppléaient à ces misérables revenus, et lorsque la caisse était à sec, les étudiants allaient quêter dans les villages et revenaient chargés d'argent et de provisions. Il n'en est plus ainsi aujourd'hui, Si-Ben-Ali-Cherif pourvoit seul,

que leur condition met au-dessus d'eux; dans le langage familier ils vous appellent volontiers *baba*, père.

[1] Tolbas, pluriel de thaleb, savant.

sur sa fortune personnelle, à l'entretien, à l'éducation de deux cents jeunes gens et au payement des professeurs.

Autour de la koubba où reposent les marabouts ses ancêtres, le chef kabyle a groupé des salles d'étude et de nombreuses habitations pour les étudiants. A côté se trouve la maison hospitalière où pauvres et riches trouvent une large et gratuite hospitalité. Les legs pieux enrichissent bien quelquefois la caisse de la zaouïa; les pèlerins laissent bien en passant leur obole; il y a bien encore quelques revenus provenant de habous[1], mais toutes ces ressources seraient insuffisantes à faire vivre tout ce monde de professeurs, d'étudiants, de pèlerins, de passagers, de pauvres, de parasites de toute sorte, si l'agha ne venait apporter son contingent; et je tiens d'une personne bien informée que ses dépenses pour la zaouïa s'élèvent à plus de quatre-vingt mille francs par an[2].

Accompagnés du cheikh, nous avons visité le tombeau ombragé des étendards de soie des marabouts,

---

[1] Biens dont le revenu est consacré à perpétuité à Dieu ou à une zaouïa, ou une mosquée, quelquefois à la Mekke et à Médine.

[2] Ces zaouïas, sur toute la surface de l'Algérie, n'ont d'autres revenus, ainsi que je l'ai dit, que les legs et les dons des fidèles. Eh bien, partout elles sont riches et vivent largement.

de la famille de Si-Ben-Ali-Cherif, au bruit des récitations des jeunes étudiants qui étaient assis sur les pierres des tombeaux, à l'ombre de deux noyers gigantesques renommés dans tout le pays.

Nous nous assîmes nous-mêmes dans le cimetière auprès du cheikh, vieillard fort savant qui parle assez bien le français. La conversation roula sur les études des jeunes gens confiés à ses soins, sur le degré d'instruction qu'ils peuvent acquérir; on parla d'histoire, de progrès, de civilisation, et aussi un peu de religion. Sur ce point le cheikh qui nous avait fait certaines concessions sur le mode d'enseignement que je trouvais défectueux, fut intraitable. La seule, la vraie, la bonne religion, c'est celle de l'islam; et force nous fut de céder, pour ne pas désobliger un vieillard qui nous avait bien accueilli et qui n'admettait pas de discussion sur ce point délicat.

A son tour il nous parla de la religion chrétienne, de ses prophètes, des apôtres, de Jésus-Christ qu'il appela *Sidna-Aïssa*, notre Seigneur Jésus; de *Sidna-Meryem*, la mère de Jésus, qui est en grande vénération parmi les Arabes. Il nous raconta quelques-unes de nos légendes de la Bible, mais arrangées à sa manière, embellies de la poésie de l'Orient, et ces récits ne manquaient ni de charme, ni d'originalité. Mais j'avoue qu'il serait souvent difficile de reconnaître les légendes que nous révérons dans ces contes arabes, embellis par leur imagination, transformés par les péripéties, les événements romanesques qu'ils brodent à plaisir.

Voici par exemple le récit de la mort de Marie, mère de Jésus. Il est en complet désaccord avec la tradition du Nouveau Testament et des Actes des apôtres, mais il est empreint d'une touchante poésie[1].

---

[1] Cette légende est une traduction du manuscrit arabe de la Bibliothèque impériale, empruntée à M. Perron : *les Femmes arabes avant et depuis l'islamisme.*

CHAPITRE XXV

LA LÉGENDE DE LA MORT DE MARIE, MÈRE DE JÉSUS

« Les livres des traditions racontent ceci.

« Jésus dit un jour à Marie :

« — Ma mère, j'ai vu dans les choses que Dieu m'a
« communiquées, j'ai vu que ce monde est une de-
« meure périssable, que tout s'y éteint, disparaît,
« que tout échappe, que tout meurt; et aussi j'ai vu
« que l'autre monde est le séjour de la vie, la de-
« meure où tout persiste et dure, où rien ne s'use,
« où rien ne se détruit. Viens, ma mère; viens, reti-
« rons-nous de ce monde, où tout est caduc; reti-

« rons-nous pour aller dans la voie qui conduit au
« monde, où la vie ne meurt jamais, et où vit l'im-
« mortalité.

« — Allons, dit Marie, souriant saintement à son
« fils, allons, mon enfant. »

« Et la mère et son fils gagnèrent les montagnes
du Liban.

« Là, ils se tinrent en un modeste réduit ; demeure solitaire, où ils adoraient Dieu. Calme parfait, vie pieuse, douce vie, parfumée par l'incessante pensée du ciel, par l'encens des prières. Ils jeûnaient le jour ; ils se levaient la nuit ; ils mangeaient de la feuille des plantes ; ils buvaient de l'eau des pluies. Longtemps ils firent ainsi ; délices saintes que rafraîchissait le souffle de l'air ! œuvres pieuses que seul voyait l'œil tout voyant de Dieu.

« Et puis un jour, Jésus descendit du flanc de la montagne ; il descendit le creux de la vallée ; il allait chercher et cueillir quelques légumes sauvages, quelques herbes douces pour le repas du soir, pour rompre le jeûne à la fin du jour.

« Jésus était donc parti.

« Or, voici que l'ange de la mort arrive auprès de

Marie. Elle était en prières, enveloppée et remplie de la pensée de Dieu.

« Salut, Marie ! salut, sainte femme ! dit l'ange
« des derniers soupirs ; salut à toi ! qui jeûnes, qui
« veilles, qui pries ! »

« Marie effrayée, surprise, s'évanouit. La peur qu'elle eut de l'ange redoutable l'avait abattue tout à coup.

« Marie revient à elle-même, se réveille peu à peu de son évanouissement, regarde d'un air timide, soupire de pénibles soupirs, reste un moment le regard inquiet, immobile, attaché sur l'ange ; puis doucement, d'une voix émue et pénétrée :

« — Qui es-tu, serviteur de Dieu ? dit-elle ; oh !
« tout mon corps frissonne, toute ma chair palpite ;
« je suis troublée, ta voix m'a effrayée ; je tremble,
« mes sens sont confondus, mon cœur est défaillant ;
« oh ! qui es-tu ?

« — Je suis celui qui n'a pitié, ni du jeune âge
« de l'enfant, ni de la faiblesse de l'innocence ; je
« suis celui qui ne tient compte, ni de la grandeur
« des grands, ni de la force des forts, ni de la vi-
« gueur de l'âge ; je suis celui qui ne demande pas
« de permission aux rois, qui ne considère pas l'im-

« posant des puissances. C'est moi qui renverse les
« demeures, qui culbute les palais, qui démantèle
« les forteresses, qui déchire les bastions; c'est moi
« qui peuple les tombeaux, qui chasse les réu-
« nions, qui sépare les amis, qui arrache l'un à l'au-
« tre le frère à la sœur, le père à la mère; c'est
« moi qui prends les âmes, qui éteins les existen-
« ces, qui arrête le souffle de la vie, c'est moi
« Azraël, l'ange de la mort.

« — Ange des derniers moments, ne m'accorde-
« ras-tu pas d'attendre que revienne ici celui que
« mon sein a nourri, celui que j'aime, qui est la
« fraîcheur et le bonheur de mes yeux, celui qui
« vit dans mon cœur, comme le fruit sur sa tige
« maternelle; sa vue, le parfum de son visage, sera
« le viatique de mes derniers instants.

« — Marie, ceci n'est point dans les ordres qui
« m'ont été donnés. Je suis un serviteur soumis à la
« parole du souverain des cieux; je ne puis pren-
« dre la vie du plus faible moucheron sans les or-
« dres de Dieu; et mon Dieu m'a enjoint de ne pas
« reculer mon pied derrière l'autre que je n'aie reçu
« et recueilli ton âme.

« — Que soit accomplie sa volonté! Ange de la

« mort, obéis au Seigneur qui t'a commandé; prends
« ma vie, reçois mon âme, emporte, emporte mon
« âme au sein de l'éternel. »

« L'ange s'approche, recueille l'âme de Marie et s'envole au ciel.

« Ce jour-là, Jésus tarda plus longtemps que de coutume à revenir. Il ne regagna sa retraite qu'après que le soleil eut caché sa lumière à l'occident, et lorsque la nuit avait déjà couvert la terre de ses voiles obscurs... Jésus gravit la montagne, portant les frais herbages qu'il a cherchés pour le repas de de sa mère.

« Il arrive, il la voit à l'endroit où elle avait coutume de prier. Jésus croit que Marie est endormie, il dépose sa moisson, les plantes, les légumes sauvages qu'il a trouvés; il approche de sa mère, il se met à prier; il prie longtemps, presqu'au tiers de la nuit. Alors il revient à sa mère, il se penche vers elle; de sa face il touche presque la face sereine et calme de Marie:

« — Ma mère, dit-il, d'une voix tremblante, in-
« quiète, que la craintive émotion du cœur agite et
« trouble; ma mère! salut, ô Marie! salut, ô ma
« mère! Voici que la nuit est bien noire, bien som-

« bre;... depuis longtemps déjà ceux qui jeûnent
« ont pris leur repas... dis, Marie, cette nuit, pour-
« quoi ne viens-tu pas rompre l'abstinence? Oh! ré-
« ponds à ton fils... »

« Puis il se calma et se dit :

« — Tout repos a ses douceurs, tout sommeil
« a ses délices ! sainte mère, dors ton savoureux
« sommeil. Non, non, je ne le troublerai point. A la
« place de ma mère je prierai la prière de l'aube. »

« Jésus attendait ainsi que se réveillât sa mère, afin de prendre son repas avec elle. Les deux tiers de la nuit passèrent... Jésus revint auprès de Marie. Il la fixe, elle était encore dans la même attitude. Il s'inquiète alors, il se penche de nouveau vers Marie; il reste immobile, puis :

« — Salut, Marie ! salut, ma mère ! dit-il, d'une
« voix pleine d'émoi. Tous ceux qui jeûnent ont
« achevé le dernier repas de la nuit. Tous les fidèles
« sont debout, viens aussi adorer l'Éternel. »

« Il attendit encore, il pria jusqu'à ce que vînt irradier l'aurore. La lumière grandit, le zéphir soupira. Jésus s'approche de Marie ; vers elle il penche la tête ; il s'arrête, elle n'a plus de vie, son âme est partie, son âme est au ciel. Jésus, pénétré de tristesse, sent la douleur l'ébranler, l'accabler. Il pose sa joue sur la joue de sa mère; et il gémit.

« — Mère, dit-il, mère! salut de Dieu sur toi;
« ma mère, sois bénie, ô toi qui m'as si longtemps
« porté dans tes entrailles, m'as nourri de ton essence
« pure, m'as imprégné des sucs de ta vie, m'as allaité
« du lait de ton sein! de tes nuits, combien tu en
« as veillé pour moi! de tes jours, combien tu en as
« passé à cause de moi, dans les veilles et les soucis! »

« Et les larmes de Jésus coulaient; et les sanglots éclatèrent. Dans le ciel les anges, sur la terre les génies pleurèrent aux larmes de Jésus; le Liban frémit, et du fond de ses plus longues racines on entendit murmurer des soupirs, se plaindre des sanglots.

« La voix de Dieu parla :

« — Mes anges, pourquoi ces pleurs dans vos
« yeux? pour qui ce deuil, cette tristesse?

« — Notre maître, tu sais ce qu'il vient d'advenir
« de malheur à Jésus, à cet esprit de ta divine es-
« sence.

« — Jésus est l'esprit que j'ai fait émaner de moi-
« même, Jésus est mon Verbe; et je suis, moi, la
« source de toutes les bontés. »

« Ensuite la voix interpelle l'orphelin :

« — Jésus, lève la tête, ta mère est morte ; mais à
« cause d'elle j'ai grandi encore la destinée que je te
« réserve.

« — Mon Dieu, me voilà donc seul, délaissé sur la
« terre, comme un étranger ici-bas ! Qui soutiendra
« mon courage, qui m'aidera à servir dignement mon
« Dieu ? »

« La voix ne répondit pas.

« Jésus descendit du Liban, se rendit à une bourgade des enfants d'Israël ; et là, d'une voix désolée :

« — Enfants d'Israël, dit-il, venez, que Dieu vous
« donne sa grâce ! venez à mon secours. »

« Les femmes, aux têtes voilées, sortirent de leurs demeures, émues de cette parole plaintive.

« — Qu'as-tu donc, dirent-elles, qu'as-tu ? d'où
« viens-tu, homme des merveilles ? D'où viens-tu, toi,
« dont l'éclat de la beauté est venu luire, refléter sa
« douce lumière jusques dans nos demeures ? Quelle
« est donc en toi cette incompréhensible puissance
« qui a pénétré jusqu'à nous pour nous émouvoir,
« jeter l'étonnement parmi nous, dans le repos et le
« silence ?

« — Je suis l'esprit de Dieu, je suis Jésus, fils de
« Marie. Elle n'est plus ; elle est morte, morte, aban-

« donnée là-bas... Venez, aidez-moi pour ses funé-
« railles. Allons laver son corps; venez l'ensevelir,
« portons-le en terre et nous prierons pour Marie la
« prière de la tombe.

« — Esprit du Dieu vivant, mais cette montagne
« est toute remuante de serpents, toute sillonnée de
« vipères; nul de nos aïeux, de nos pères n'y a mis
« le pied depuis trois siècles.

« — Mais qui donc?...

« — Oh! à penser à ces dangers, on se sent la
« chair frissonner!... Tiens, voilà le linceul, prends,
« va, ensevelis Marie. »

« Jésus demeura muet. Il retourna sur ses pas; il laissa tout, il regagna la montagne. En cheminant, tout affligé, il rencontra deux jeunes Hébreux dans la beauté et la force de l'âge.

« — Salut! leur dit Jésus. — Salut! répondirent-ils.

« — Enfants d'Israël, ma mère est morte, est
« abandonnée là-bas, sur le flanc de ce rocher. Ve-
« nez donc m'aider, mes enfants, à lui faire la lotion
« mortuaire, à l'ensevelir, à la mettre au tombeau.

« — Nous sommes envoyés pour cela même, dit
« l'un des deux étrangers.

« — Moi je suis Gabriel, mon compagnon est

« l'ange Michaël. Voici un cercueil, voici les lin-
« ceuls du paradis. Va, Jésus marche devant toi,
« nous te suivrons. De belles vierges du ciel, houris
« aux grands yeux, à la brillante prunelle, descen-
« dent en ce moment des demeures célestes, et vien-
« nent laver le corps de ta mère, la déposer au sé-
« pulcre. »

« On arrive à la montagne. L'ange Gabriel se met
à creuser une crypte funéraire; puis il ferme le cercueil, le place dans le flanc du rocher, de manière
que le cadavre ait la face tournée dans la direction
selon laquelle il faut prier.

« Jésus ensuite récite la prière funèbre, et Gabriel
et Michaël prient avec lui. Cela terminé, les anges et
les houris s'enlèvent vers le ciel. Jésus demeure seul
avec sa douleur, consterné, la tête penchée, rêvant
du monde et de l'éternité, de la vie et de la dernière
heure. Puis soupirant un long soupir, levant les yeux
vers le ciel :

« — Mon Dieu, dit-il, tu vois où je suis, en quel
« état je suis; tu entends ma prière et ma parole;
« tu vois mon âme. Hélas! morte, elle est morte, ma
« mère, et je n'ai pas recueilli son souffle, sa der-
« nière parole; je n'ai pas eu la bénédiction de ma

« sainte mère. Je n'étais pas là quand elle a expiré,
« quand son œil s'est éteint, quand sa main est tombée
« dans la mort. Mon Dieu, veuille lui permettre de
« revoir encore son fils, de me parler encore quelques
« mots de sa bouche. »

« — Je te permets d'interpeller Marie, répondit la voix de Dieu, appelle-la, elle va te répondre.

« Et soudain : — O Marie, mère bien-aimée, s'écrie
« Jésus, viens, dis-moi, où es-tu ? comment a été ton
« arrivée auprès de Dieu, le Seigneur des jours.

« — Cher enfant, dit Marie, je suis heureuse,
« mon Dieu est le Dieu des grandes mansuétudes, des
« généreuses miséricordes. Il m'a reçue d'une main
« bienveillante. J'ai reçu ses grâces et sa douce bonté.

« — Marie, mère chérie, comment t'a paru le goût
« de la mort ?

« — Oh ! mon fils, je te le jure par le Dieu qui t'a
« donné la mission prophétique, qui t'a envoyé parler
« au monde, le goût de fiel qu'a la mort me tient en-
« core au fond de la bouche ; qu'il est âcre, corrodant,
« l'amer goût du trépas ! et le coup que l'ange des
« agonies m'a porté entre les épaules, je le sens en-
« core. Amère, amère est la mort, mon fils ! Adieu,
« mon enfant, adieu, au dernier jour du monde. »

« La parole cessa, la langue se tut. Jésus médita quelques instants ; puis il quitta la montagne.

« ... Dès lors, il parcourut les terres de la Judée[1]. »

[1] Le Koran contient treize chapitres relatifs à Jésus, à Marie. Voici comment il dit la résurrection : « Jésus fut enlevé au ciel. A la fin des temps, Jésus descendra du ciel dès l'aube du jour, il sera au milieu de deux draperies aux couleurs dorées du safran. Son corps sera éblouissant de blancheur. La chevelure rousse sera arrangée et séparée sur sa tête par une ligne de séparation, comme si de ses cheveux coulaient des huiles parfumées ; il portera un burnous ; sa main tiendra une lance et brisera la croix. Dieu, devant Jésus, exterminera l'antechrist. L'abondance florira. Le poison et tout mal disparaîtront. Jésus rétablira la paix et l'harmonie sur la terre, et le lion viendra paitre avec les chameaux, la panthère avec les bœufs, les loups avec les moutons..., » etc.

CHAPITRE XXVI

CHELLATA. — FEMMES ET HOMMES KABYLES

Le majordome de si Ben-Ali-Cherif nous avait précédés à Chellata, et quand nous rentrâmes à la maison, un vrai souper arabe était servi, avec des galettes feuilletées et chaudes en guise de pain, des mets fortements épicés, du leben comme boisson calmante, et enfin le kouskoussou obligé au poulet. Tout ce que le village renferme de notable soit comme noblesse, soit comme guerrier, nous fit l'honneur, assis en rond autour de nous, d'assister à notre repas, sauf à manger ensuite, sans grande façon, la desserte de notre table.

Du café maure exquis nous fut offert à la fin du repas, et le majordome, avec l'antique politesse arabe, qui s'est perpétuée en Espagne, nous présenta la cigarette, après l'avoir allumée lui-même à un brasero. Cet usage de toucher de ses lèvres une cigarette qu'un autre doit fumer est peut-être très-vénérable, mais je trouve qu'il manque de propreté.

Après une nuit troublée par les aboiements des chiens kabyles, qui se répondent et s'appellent de loin, nous nous levons au point du jour. Tout est en mouvement déjà dans le village, les troupeaux se rendent au pâturage dans la montagne, conduits par de jeunes enfants. Les hommes se répandent dans la campagne pour s'y livrer à leurs travaux. Les femmes restent à la maison, entre ces quatre murs enfumés, dont tout le mobilier se compose de nattes, de grandes jarres de terre, contenant le beurre ou le lait, et d'immenses paniers destinés à enfermer le grain. Les femmes kabyles ne suivent jamais leurs maris quand ils vont en fête ou en voyage. Riches ou pauvres, elles travaillent sans cesse, soit à tisser, à l'aide de métiers, la laine de burnous, à préparer les aliments, moudre le grain, à fabriquer la pâte du kouskoussou, à confectionner des poteries, grossières comme matière, mais de forme singulière et originale.

La seule distraction de la femme kabyle est d'aller à la fontaine, quelquefois située dans la vallée. Pendant la durée de notre excursion, nous en avons rencontré assises sur la pierre de la fontaine, causant et riant entre elles. Elles ne se détournaient pas à notre approche, et souvent elles nous offraient à boire avec leurs amphores aux couleurs éclatantes.

La femme kabyle jouit d'une plus grande liberté que la femme arabe. Ainsi elle n'est pas voilée, elle peut sortir, elle se mêle à la société, elle travaille devant sa porte, et elle ne se cache pas à la vue d'un étranger. Mais si elle jouit d'une plus grande liberté, elle n'est considérée, par ces montagnards, que comme un objet dont il est permis de tirer toute l'utilité possible, et que l'on peut vendre quand il ne convient plus. Aussi voit-on souvent, et cela n'a rien de vil ni d'illégal aux yeux des Kabyles, un homme acheter une femme à un prix modique, pour la revendre plus cher s'il en trouve l'occasion.

C'est là un trait de mœurs spécial aux Kabyles ; l'Arabe répudie l'épouse qu'il ne veut plus, le kadi prononce le divorce, mais il ne la vend pas, comme un vil bétail.

On ne peut pas dire non plus que l'Arabe achète sa femme, en payant une dot, presque toujours minime ; il n'entend pas faire une spéculation ; c'est une affaire d'amour-propre et non d'intérêt. Une dot en bijoux, en riches vêtements est toujours stipulée, la femme en a la jouissance immédiate et exclusive. C'est une gloire pour le mari de montrer sa jeune épouse, encore voilée, à ses parents, à ses amis, parée comme une châsse et pliant sous le poids des bracelets, des anneaux d'oreilles, des colliers, diadèmes, ferronnières de diamant, etc. La dot en argent est remise au père, au kadi si l'épousée est orpheline, qui n'en sont que les détenteurs, et qui devront la rendre à la femme, s'il survient une répudiation ou si elle reste veuve ; c'est une ressource pour ses vieux jours, que le Koran, dans sa sagesse, lui a réservée, et encore faut-il que le divorce n'ait pas été prononcé contre elle, ensuite de griefs articulés et prouvés par le mari.

La femme n'en est pas moins, il faut le reconnaître, dans un état social inférieur chez les musulmans, et cela, je pense, est dû en partie à la fa-

RÉUNION DE FEMMES KABYLES

culté que leur accorde la loi de prendre plusieurs femmes légitimes[1]. Mais quelque infime que soit leur condition, elles n'en inspirent pas moins de folles passions, souvent terminées par quelque drame bien lugubre, par quelque meurtre éclatant.

Il n'est pas rare cependant de voir, chez les Kabyles surtout, les femmes prendre sur les hommes de leurs villages un certain ascendant; soit par leur piété, leurs vertus, leur courage. On cite dans un village des Illoulen, une vieille femme dont l'intelligence avait été mise à contribution pour régler les différents, les altercations qui s'élevaient entre les femmes du pays. Elle mettait dans ces fonctions une gravité et une équité qui faisaient accepter sans murmure tous ses jugements. Elle condamnait les délinquants à une légère amende au profit des pauvres, et quelquefois, dit-on, dans les cas graves, elle infligeait elle-même aux coupables ces corrections manuelles, d'ordinaire réservées aux enfants.

Lors des expéditions faites en Kabylie en 1847 et

---

[1] En Algérie l'usage est de se borner à deux, en Turquie, en Égypte quatre. Ce qui fit dire à Napoléon : « Mahomed a permis quatre femmes à l'homme et il a bien fait ; car le même homme peut avoir ainsi un échantillon des quatre principales races du globe, la blanche, la noire, la rouge, la jaune. »

1857, on a vu souvent des femmes mêlées aux Kabyles dans les combats, les excitant par leur présence, par leurs cris, par leurs *you! you!* répétés[1] ; les montagards marchaient courageusement au combat, bravaient la mitraille et se faisaient tuer plutôt que de se rendre, car du haut de leurs villages les femmes les contemplaient.

Le costume des femmes kabyles, que nous avons pu voir, est des plus sommaires ; il se compose de deux morceaux d'étoffes descendant jusqu'aux genoux, réunis sur les épaules par des épingles et serrés à la taille par une ceinture de laine. Ce vêtement n'a donc pas de manches, et laisse à nu les aisselles, les bras et les deux côtés du corps. Un haik très-court couvre à peine les reins, et est retenu sur la tête par une écharpe roulée en turban. Ces vêtements sont d'ordinaire d'une malpropreté repoussante et répandent une odeur infecte. On me dit cependant qu'elles changent de vêtements quand leurs travaux sont terminés, et les jours de fête ; elles se couvrent alors les bras, les jambes, le front, la poitrine de bijoux d'ar-

---

[1] Ces *you! you!* sont des cris que poussent les femmes en signe de joie, de triomphe ou de douleur et qu'elles saccadent par des battements des doigts sur les lèvres.

gent, bracelets ornés de corail, d'ambre, boucles d'oreilles énormes suspendues aux turbans par des chaînettes, colliers de verroterie, ferronnières de boudjoux tombant sur le front ou mêlés aux cheveux ;

hommes et femmes sont tatoués sur les joues, sur la poitrine, sur une narine ; souvent, chose singulière, ces tatouages représentent une croix, souvenir éloigné de la religion chrétienne, qui a si longtemps dominé en Kabylie.

Les hommes ne sont ni plus élégants, ni plus propres. Ils changent rarement leur linge de corps, et ne changent jamais leur chachia, ou leur burnous. Ils se font une gloire des trous qui l'illustrent. Et si c'est une balle ou une baïonnette française qui l'ont fait,

ils montrent avec orgueil la cicatrice produite sur le vêtement par l'arme du Roumi. Ce burnous, qu'il tient de son père, le Kabyle le léguera à son fils.

Le Kabyle, endurci aux intempéries de l'air, a presque toujours la tête et les pieds nus. S'il va en voyage, il se chausse d'une peau de bête, le poil en dedans, grossièrement attachée avec une corde. Il n'a pour tout vêtement qu'une chemise de laine qui descend jusqu'aux genoux, dite chelouha, et quand il

travaille, un vaste tablier de cuir attaché aux reins le fait facilement reconnaître pour un enfant de la Kabylie. L'Arabe, la femme arabe, la Mauresque surtout, aiment les beaux vêtements de soie, aux couleurs voyantes, les parures d'or et d'argent. L'Arabe promène ses costumes élégants, et sa vanité est satisfaite;

mais la femme arabe, qui se couvre de bijoux comme une madone italienne, qui se teint les yeux de hennah, qui se met du rouge sur les joues, qui se peint les sourcils et les lèvres, ne se livre pas à ses instincts de coquetterie pour plaire à un mari qui ne s'en soucie guère, ou pour l'étranger qui ne doit pas la voir. Car elle ne sort dans la rue, pour aller au bain ou au cimetière, le jour de la Djemaa, le dimanche arabe, que soigneusement enveloppée d'un haik qui la couvre des chevilles à la tête. Son visage est couvert d'un voile qui prend à la naissance du nez et descend jusqu'à la poitrine, ne laissant à découvert que les yeux. On dirait des fantômes ambulants. Ajoutons qu'il n'y a que les femmes de condition inférieure qui sortent. Les femmes riches sont incarcérées dans le gynécée; leur vie n'a rien de public. C'est une vertu de bien cacher les femmes élevées à croire que celle dont un étranger voit le visage est presque outragée.

Il n'en était point ainsi avant l'islamisme. La femme était libre. Aucun voile ne couvrait ses traits. Elle était la joie, la parure de la société de son mari; c'est à la jalousie de Mahomet que la femme musulmane doit d'être retranchée de la vie sociale, reléguée dans le harem. Un poëte arabe a dit :

« La femme est un parfum que l'on n'abandonne pas aux vents. »

La femme kabyle a conservé la liberté des temps antéislamiques ; elle se mêle à la vie sociale, elle prend

sa part des plaisirs de la maison, et en passant un soir dans un village, nous vîmes des hommes et des femmes mêlés, rire, caqueter et chanter en s'accompagnant du tar.

Notre arrivée ne les fit pas fuir et nous pûmes les considérer à loisir. Quelques-unes étaient vraiment belles sous leurs haillons et avaient un air de noblesse qui nous frappa ; l'une d'elles entourée d'une foule d'enfants, de jeunes gens qui semblaient boire ses paroles, parlait avec vivacité et le timbre de sa voix était charmant, un de nos spahis qui s'était approché nous dit qu'elle racontait une belle histoire qu'il m'offrit de conter à son tour. Je la dirai dans le chapitre prochain, en conservant ce langage imagé, ces expressions pittoresques que l'on est étonné de rencontrer dans la bouche de gens grossiers et ignorants.

Il existe encore, entre les Kabyles et les Arabes, d'autres différences dans les mœurs, dans les habitudes, qu'il est bon de faire ressortir, car elles prouvent la diversité d'origine.

L'Arabe est paresseux et ne travaille que juste ce qu'il faut pour vivre. Il ne défriche et ne laboure que ce qui est strictement nécessaire à sa subsistance et à celle de sa famille ; il égratigne le sol de sa herse ou du soc de sa petite charrue, il y sème quelques grains, et la bonne terre arabe, *alma parens,* lui rend au centuple ce qu'il lui a confié.

Le Kabyle est laborieux ; il travaille sans cesse. S'il a des terres ; il les cultive, il plante des arbres, des pieds de vigne ; il recueille des fruits de toute espèce, des légumes qu'il va vendre dans les marchés voisins. Chaque village, en effet, a son marché hebdomadaire qui porte le nom du jour où il se tient : *Souk had Mzala*, le dimanche des Mzala ; *Tnein Fenayas*, le lundi des Fenayas ; *Tleta Beni-Raten*, le mardi des Beni-Raten ; *Arba Beni-Ourlis*, le mercredi des Beni-Ourlis, et ainsi de suite.

Les marchés kabyles sont fort curieux par la variété des choses qui s'y vendent. A côté des armes, fusils, pistolets, matraks, flissa, couteaux, etc., des socs de charrue et autres instruments aratoires des plus primitifs, des vêtements de laine, des babayas de corde, des poteries, du savon indigène assez grossier, des nattes de palmier nain ou de béchana ; on trouve tous les fruits de l'Occident : olives, figues, noix, amandes, poires, oranges, raisins ; des légumes très-variés : fèves, lentilles, pois chiches, navets, concombres, oignons, piments, pastèques, et même, depuis quelques années, des pommes de terre qu'ils trouvent un excellent manger. La principale richesse du pays est le figuier et l'olivier ; l'olive se vend soit en argent, soit en échange des produits rares en Kabylie, les céréales par exemple. La poudre kabyle se vend aussi dans certains marchés; mais la fabrication est restreinte à la tribu des Reboulas. Cette poudre, mal confectionnée, est bonne; cependant elle est très-chère. Chaque cartouche revient à 40 centimes environ.

S'il n'a pas de terre ou d'industrie qui puisse le faire vivre dans son village, le Kabyle émigre et va dans le pays voisin chercher à utiliser son activité. Chaque tribu se livre à une profession qui lui est propre. Les Maktas, les Zouaouas se font soldats d'infanterie, et c'est de cette tribu que vient le nom de *zouaves*. Ils s'engagent soit chez nous, soit en Tunisie; mais ils préfèrent le service de la France. D'autres, les Beni-Raten, se font boulangers; les Ah'med-Beni-Youssef se font maçons, jardiniers, mais ils n'émigrent jamais sans esprit de retour; ils pensent au jour où ils reviendront vers les rochers qui les ont vu naître, porteurs d'un pécule qui leur permettra d'acheter une maison et un fusil. Le Kabyle a une patrie qu'il aime, qu'il n'oublie jamais dans ses voyages, et cette patrie, c'est le village, c'est le sol que ses premiers pas ont foulé, c'est le coin de terre où sont ensevelis ceux qu'il a aimés.

L'Arabe, essentiellement nomade, ne tient pas au sol; l'émigration ne l'attriste pas, la nostalgie du pays ne l'étreint pas lorsqu'il l'a quitté pour aller dans les villes lointaines. S'il reste parmi les gens de sa tribu, le douar est une ville mobile qu'il suit dans ses migrations. Aussi, lorsque l'invasion le menace, il plie sa tente et la tribu va chercher ailleurs une oasis nouvelle où elle s'établira, jusqu'à ce que l'ennemi de sa liberté le refoule plus loin. C'est là ce qui explique pourquoi, dans les plaines, on ne trouve pas de villages, d'habitations permanentes. Dans ces vastes steppes que rien ne défend des invasions ennemies, la razzia serait trop facile et la défense souvent impossible.

Dans la montagne, le Kabyle est à l'abri d'une razzia, protégé qu'il est par des ravins, par des chemins souvent impraticables. Il peut s'établir, bâtir des maisons, les grouper en villages, les orner d'une mosquée, à l'abri des violations des Roumi, et d'un minaret plus ou moins élégant, suivant la richesse du village. Je dis que la mosquée est d'ordinaire en rapport avec la richesse du pays; cela n'est pas toujours exact. Ainsi, le pauvre petit village de Tifrith-Inet-ou-Malek, tribu du Aït-Idjer[1], qui ne compte que

---

[1] Nos lecteurs ont vu souvent dans le cours de ce livre les mots *Ben, Beni, Ouled, Aïth*, employés pour désigner les tribus. Chacune de ces expressions a un sens distinct. Chez les Arabes, Beni et Ouled indiquent des castes différentes. *Beni* représente la caste servile, *Ouled* la caste noble. Les Kabyles ap-

cent fusils, a cependant une mosquée très-vaste avec deux koubbas ou coupoles.

Ce beau temple est dû à la munificence du dernier dey d'Alger, qui vit en rêve le marabout de Tifrith, Si-Ali-Cheheboun, lui ordonnant de lui élever une chapelle, et il exécuta pieusement les ordres du saint musulman.

Cette diversité dans les mœurs et dans les coutumes entre les Arabes et les Kabyles se reproduit dans la physionomie des deux peuples. L'Arabe a les yeux noirs, les cheveux aussi, le teint basané, le visage ovale. Le Kabyle est souvent blond, avec des yeux bleus; sa peau est blanche, le visage est carré; on dirait un enfant du Nord : il y a de la race germanique. L'Arabe est ordinairement fin, maigre, avec des extrémités fines et délicates. Le Kabyle est vigoureux, osseux; sa musculature est puissante; sa démarche un peu lourde indique la force, l'énergie; son regard n'a rien de servile. On voit qu'il connaît sa force, et il se sent fort parce qu'il est indépendant.

Cependant il est poli surtout envers ses chefs, ses marabouts et ses vieillards, mais à la condition

pliquent les mots *Beni* aux villages kabyles, *Ouled* aux villages marabout. Ils désignent les autres par le nom générique de *Aïth*. Ainsi, *Aïth* ou *Adrer* désigne les gens de la montagne.

que sa politesse, qui n'a rien d'obséquieux, lui sera rendue, quel que soit le rang de celui à qui elle est faite. M. Daumas cite un singulier exemple de cette susceptibilité du Kabyle.

Si-Saïd-Abbas, marabout des Beni-Haffif, se trouvait un jour au marché du vendredi des Beni-Ourtilan; un Kabyle du nom de Ben-Zeddam s'approche et lui baise la main. Le marabout occupé du soin d'une affaire qu'il traite avec quelque autre individu, ne lui rend pas son salut.

— Par le péché de ma femme, s'écrie Ben-Zeddam, en se campant fièrement, le fusil à la main, devant le marabout, tu vas me rendre à l'instant ce que je t'ai prêté ou tu es mort.

Le marabout se leva sans mot dire, et lui rendit le salut.

Un autre fait que j'emprunte à la même source donne une idée complète du caractère altier, violent, susceptible de ce peuple primitif qui ne souffre aucune injure sans la rendre, et pour qui, comme pour la Corse, la vendetta (rokba) est un devoir sacré.

Un Kabyle de la tribu des Beni-Yala rencontre au marché Guenzaie un homme qui lui doit un barra, sept centimes, et le lui réclame.

— Je ne te donnerai pas ton barra, répond le Kabyle.

— Pourquoi?

— Je ne sais.

— Si tu n'as pas d'argent, j'attendrai encore.

— J'en ai, mais...

— Mais, quoi?

— C'est une fantaisie qui me prend de ne te point payer.

Le Ben-Yala furieux saisit son débiteur par le burnous, le renverse et le gourme d'importance. Des voisins accourent, prennent part à la lutte, et une mêlée générale a lieu. On s'excite, on se menace, on s'injurie, bientôt deux partis se forment, et des coups de poing, on passe aux coups de fusil. On se battit depuis midi jusqu'à sept heures du soir avec un acharnement inouï; et le soir venu, lorsqu'on eût séparé les combattants, quarante cinq individus étaient tués pour la misérable somme de sept centimes. La paix n'est pas encore faite aujourd'hui; le village est divisé en deux partis, et la querelle a commencé en 1843 ou 1845[1].

[1] Daumas, *la Grande Kabylie*.

CHAPITRE XXVII

L'HABAYA[1] D'UN HOMME HEUREUX

LÉGENDE ARABE

Il y a deux cents ans environ, et l'an 1100 de l'hégire, Hassan-Bey régnait à Ksentina, la ville inaccessible sur son rocher qu'entoure de tous côtés le ravin profond au fond duquel le Rummel roule ses eaux rapides. Du haut de ce nid d'aigle, Ksentina semblait braver ses ennemis, et une chanson arabe disait :

« C'est une pierre au milieu d'un fleuve, et il faudrait autant de roumis pour enlever cette pierre,

---

[1] Habaya, chemise arabe.

que de fourmis pour enlever un œuf du fond d'un pot au lait. »

Au milieu de la ville, où cinquante mosquées dressent au-dessus des maisons blanches leurs madenehs[1] incrustés de mosaïques de faïence, au centre de ce labyrinthe de rues étroites où deux cavaliers n'ont jamais passé de front, Hassan-Bey, gardé par ses fidèles koulouglis et par soixante seffaris turques, vivait heureux, tranquille, dans son immense palais. Les nomades du désert étaient réfugiés dans leurs oasis et ne faisaient pas d'incursions sur ses terres.

Chaque jour, dès cinq heures du matin jusqu'à dix heures, la porte de son divan était ouverte, et tous, riches ou pauvres, pouvaient arriver jusqu'à lui et lui adresser leurs plaintes ou leurs réclamations. Il les écoutait avec bienveillance et faisait droit à leurs demandes.

Au-dessus de la porte du divan était inscrite en lettres d'or cette belle maxime :

« Un quart d'heure de clémence vaut mieux que soixante-dix heures de prières. »

Mettait-il en pratique cette sentence écrite au fron-

---

[1] Tourelle du haut de laquelle on appelle à la prière.

ton de son palais? Je ne sais ; mais, se gardant avec autant de soin d'une indulgence qui eût excité le mépris de sa milice, toujours prompte à la révolte, que d'une tyrannie tracassière qui lui eût suscité des haines implacables, il rendait des arrêts sans appel, exécutés rapidement par ses chaouchs ; et quelquefois les habitants, après une laborieuse audience de leur maître, voyaient au-dessus des portes Bab-el-Djedid ou Bab-el-Kantara, suivant qu'il s'agissait d'indigènes ou de roumis, des têtes exposées au bout d'une pique, ou des esclaves condamnés au supplice des crochets ou de la croix. Et ils s'écriaient, en courbant le front :

« Allah kébir, Dieu est grand, et Hassan est juste. »

Puis le bey, fatigué de ce rude travail de rendre la justice à son peuple, rentrait dans l'intérieur de son palais, vraie petite ville au milieu de la grande cité. En effet, dans ces chambres innombrables, sous ces galeries, vivait tout un monde de serviteurs, officiers, kodjas[1], esclaves, chaouchs[2], nègres, négresses.

Et Hassan allait errer sous ces galeries aux colon-

---

[1] Kodja, secrétaire.
[2] Les chaouchs sont les gardes de la Porte, et souvent les exécuteurs des hautes œuvres.

nades sveltes, dans ces jardins où l'oranger, le citronnier odorants, le palmier au panache onduleux, le bananier aux longues feuilles d'un vert transparent comme l'émeraude, formaient au-dessus de sa tête un dôme impénétrable aux rayons du soleil. Sous ces ombrages charmants, autour de bassins de marbre où l'eau tombait en fraîche cascade de la gueule de crocodiles de bronze, se jouaient des flamands roses, des paons, des cigognes privées, tandis que, sur les arbres, la colombe, hôte familière de ces bois, roucoulait sa plainte monotone.

Hassan faisait sa prière, à la voix vibrante du muezzin qui l'avertissait que l'heure était venue ; puis il se rendait dans la partie la plus reculée du palais, réservée au harem, et dans laquelle nul œil indiscret ne pouvait plonger le regard, sans mourir. Là étaient entassées des richesses immenses, tentures de soie, rideaux de gaze lamée d'argent fin, tapis précieux, coussins brochés d'or, coffres remplis de vêtements brodés, bijoux splendides ; là, fumant son narguileh parfumé, il se laissait aller à sa rêverie, pendant que des jeunes almées, venues de la tribu des Ouled-Naïl, dansaient, en se tordant comme des couleuvres, aux sons des tars et des flûtes.

Que manquait-il au bonheur d'Hassan? Un peu d'adversité peut-être, pour le lui faire mieux goûter. Il était trop heureux, et le Prophète, jaloux sans doute de cette félicité inaltérable, lui réservait une cruelle épreuve.

Hassan-Bey avait plusieurs filles, et un fils seulement, l'enfant de sa prédilection, et que la nature, hélas! si souvent avare, s'était plu à combler de ses dons les plus précieux. Il était beau, bien fragile; il était intelligent, il était bon, qualités plus rares. Les pauvres ne lui tendaient jamais en vain une main suppliante; sa bourse et son cœur étaient ouverts à tous, et souvent sa voix si douce qui remuait le cœur du père, ses regards attendris qui demandaient grâce, avaient sauvé la vie de quelque malheureux.

Aussi était-il connu et aimé de tous dans le Beylik, et à son nom d'Abd-Allah[2], soldats, citadins, esclaves, avaient ajouté le surnom d'El-Rhaman, le miséricordieux.

Ce bel enfant aux longs cheveux blonds qui contrastaient singulièrement avec deux beaux yeux noirs en-

---

[1] Abd-Allah, le serviteur de Dieu; Abd-el-Kader, le serviteur du Tout-Puissant. Dieu a ainsi dans la langue arabe quatre-vingt-dix appellations différentes.

tourés de cils et surmontés de sourcils d'ébène, était âgé de dix ans à peine, et déjà il savait lire toutes les surates du Koran, déjà il récitait les poésies du poëte de Tlemcen, Yahia-ben-Khaldoun; il était la joie et l'orgueil de son père, et l'espoir de sa dynastie.

Un jour, jour fatal, qu'il jouait dans les jardins des femmes, poursuivant de ses cris joyeux les hôtes familiers des bassins, il tomba dans une vasque pleine d'eau glacée, et quand un esclave, attiré par le bruit de sa chute, l'eut retiré, il était déjà froid, sans souffle et sans mouvement. Un moment il sembla renaître sous les baisers de sa mère; mais il retomba bientôt dans un évanouissement complet; quelques mots sans suite s'échappaient de ses lèvres décolorées et semblaient comme un suprême adieu à sa famille et à la foule effarée qui l'entourait.

Hassan, qui, depuis deux jours, visitait sa seffara de Zamora[1], rentrait vers le soir, et, ne voyant pas Abd-Allah courir au-devant de lui, sous les galeries, en faisant claquer ses babouches sur les dalles de marbre, le demandait aux koulouglis[1], qui s'inclinaient

[1] La seffara, qui veut dire table escouade, se composait de vingt-trois hommes.

[2] Les Koulouglis, milice locale, se recrutaient parmi les fils de Mauresques, mariées à des Turcs.

en silence sur son passage, et bientôt il apprenait l'affreuse vérité. Abd-Allah allait mourir. Tous les tébibs (médecins) de Ksentina, appelés près du lit d'Abd-Allah, avaient été impuissants à combattre la maladie qui l'entraînait au tombeau. Oubliant toute pudeur, les tébibs appelés en consultation s'étaient injuriés sur cette tombe entr'ouverte, se traitant d'ânes, d'ignorants, et le bey, indigné, avait dû les faire chasser à coups de fouet. Les empiriques qui croient à la puissance des nombres et des signes cabalistiques furent inutilement consultés. Les devins scrutèrent leurs grimoires ; mais, après avoir entassé les calculs sur leurs ardoises, ils s'avouèrent vaincus par ce mal inconnu. On appela alors les marchands de djédouels (talismans), et Abd-Allah fut couvert d'amulettes.

L'un d'eux, Kaddour-ben-Amar, célèbre dans toute la province pour combattre avec succès toutes les maladies, surtout celles où les djin (diables) jouent un rôle, même pour rendre malades ceux qui lui étaient désignés par un ennemi ou un proche héritier, et qui, pour ce fait singulier, avait reçu du peuple le sobriquet de marchand de maladies, fut appelé, malgré sa mauvaise réputation. Hassan eût appelé Chittan[1] lui-

---

[1] Satan.

même pour sauver son fils, puisque Mohamed restait sourd à ses prières.

Kaddour composa sur parchemin vierge une amulette qui, enfermée dans un sachet de soie, fut suspendue au col du moribond; puis il se retira, jurant par tous les marabouts de la régence que, le soir même, l'enfant jouerait dans les jardins. Sa gravité, le ton d'assurance avec lequel il parlait donnèrent quelque espérance au pauvre Hassan. Quant à Kaddour, il gagna au plus vite sa maison, prit ses effets les plus précieux, et s'enfuit loin de la ville, prévoyant bien le sort qui l'attendait lorsque son audacieux mensonge serait découvert.

La nuit venue, l'enfant était dans le même état, et le père pleurait silencieusement, en contemplant cette tête pâle, ces yeux cerclés de bleu qui semblaient s'éteindre, ces lèvres d'où s'échappaient de longs soupirs. Il priait aussi, et sa main égrenait fiévreusement les perles de santal de son chapelet.

Dans les mosquées, la foule, accourue à la voix du muezzin, joignait ses prières à celles des muphtis et des ulémas. Dieu les exauça-t-il, le Prophète envoya-t-il une inspiration à Hassan; mais, le soir même, quatre aghas sortaient par les quatre portes, Bab-el-

Kantara, Bab-el-Djedid, Bab-el-Oued, Bab-el-Djabia, et se dirigeaient aux quatre points cardinaux, dans la régence, en Tunisie, au pays kabyle, et jusque dans le Sahara, pour consulter les marabouts[1] ou saints renommés. Ils marchèrent longtemps, parcourant le pays, consultant les marabouts, visitant les koubbas, les zaouias qu'ils habitaient, ou les mokkadem qui gardaient leurs tombeaux vénérés.

Au sein de la Kabylie et de ses montagnes, où vit un peuple qu'aucune servitude n'a jamais atteint, s'élève, adossé à un pic couronné de neiges éternelles, un village entouré de frênes; c'est Chellata. Tout autour du village s'étagent des jardins où croissent l'olivier, le figuier, la vigne, que le laborieux Kabyle cultive avec amour. La zaouia Si-ben-Ali-Cherif est au centre du village, et entoure de ses bâtiments le champ du repos où dorment les enfants et parents du pieux fondateur. Un noyer gigantesque couvre de son ombre tout le cimetière, et ses fruits sont uniquement destinés aux hôtes de Dieu et aux pèlerins. Cette école contient tout un petit peuple actif, bruyant, d'élèves venus de toute la Kabylie pour y recevoir une instruction

---

[1] Marabout vient de m'rabet, lié à Dieu.

gratuite et variée. Au milieu d'eux vit un marabout connu dans toute la contrée par sa piété autant que par sa science. Le peuple l'a surnommé le lecteur du Koran.

Un des officiers du bey Hassan arrivait un jour à Chellata, et, demandant l'hospitalité au nom d'Allah, il recevait le plus gracieux accueil. Il visitait le marabout et charmait le vieillard par ses manières aimables et par l'hommage rendu à ses vertus.

— Merci, mon fils, de tes douces paroles, lui dit le marabout, tu sais respecter la vieillesse. Qu'Allah allonge la vie de celui qui t'a appris que le respect est l'hommage rendu à l'honnêteté d'une vie qui s'éteint.

L'officier allait lui exposer l'objet de sa visite; le vieillard l'arrêta :

— Je sais ce qui t'amène, mon fils; Dieu m'a révélé la peine de celui qui t'envoie ; ton maître voit son fils s'éteindre sous ses yeux, sans pouvoir porter remède à ses souffrances. En ce moment, il est encore sous la main puissante de la mort; il guérira, *in cha Allah,* s'il plaît à Dieu.

— Mais, saint homme, ne sais-tu donc ni prière, ni remède, qui puisse conjurer la mort?

— Je n'en sais qu'un qu'il faut tenter sans retard ; va et dis au sultan ton maître que le seul moyen qui existe de sauver son fils, c'est de l'envelopper de l'habaya d'un homme heureux.

L'officier ne veut pas en entendre davantage, baise l'épaule du vénérable marabout, et, enfourchant son coursier rapide, franchit en un seul jour les soixante lieues qui séparent Chellata de Ksentina. Il apporte à Hassan la réponse du marabout, et bientôt l'assemblée des tolbas, des imans, est convoquée. On discute, peine inutile. Mieux vaut agir. On se met en quête, et nul ne doute d'arriver facilement à la découverte d'un homme heureux. Mais les infortunés abondaient, et nulle part ne se trouvait un homme qui fût complétement content du sort que Dieu lui avait départi.

Cependant on avait cru souvent le rencontrer.

Un officier de fortune, parvenu, de simple janissaire, au grade important de khalifa, autant par la faveur que par son mérite, riche, entouré de l'estime de ses chefs, aimé de ses soldats, de ses serviteurs, possédait tous les éléments du bonheur; et cependant il n'était pas heureux : l'ambition le dévorait; il rêvait en secret de devenir vizir et de remplacer dans la faveur du sultan de Istamboul, et dans sa position de bey, suzerain du sultan, Hassan, son maître, qui l'avait comblé de biens et de faveurs.

Un kadi, sage, pieux, rendant la justice au nom d'Allah, vivant de peu, voyait ses jugements respectés et ses sentences exécutées, sans que celui qui perdait son procès le vouât à la malédiction éternelle; il n'était pas heureux, il venait de perdre la compagne de toute sa vie, et sa douleur profonde ne voulait pas de consolation.

Le kasnadj du bey (trésorier) crut avoir rencontré l'homme introuvable. Un de ses amis, l'opulent M'hamed-ben-Kouider, était le plus riche négociant de la régence d'Alger, ses magasins regorgeaient de marchandises de tous les pays; haiks brodés, burnous de laine fine à passer dans une bague, djelils aux couleurs éclatantes, étaient empilés dans ses comptoirs. Les châles de Kachemir, les armes de Damas, les pierres précieuses de Golconde, les perles du golfe Persique remplissaient ses coffres. Ses fils vendaient toutes ces richesses dans les bazars d'Alger, de Fez et de Tunis, et lui envoyaient en échange les sultanis, les pataques, les piastres, les sequins, les quadruples d'or qu'il enfouissait dans des caves aux portes de fer. Rien ne semblait manquer à sa félicité, et cependant il était rongé par l'avarice, par la crainte de perdre ces biens si péniblement amassés. Le jour, il était dans les transes d'apprendre quelque banqueroute de l'un de ses débiteurs ; la nuit, il ne dormait que d'un œil, dans la crainte des voleurs.

L'amin de Kalaa était-il l'homme heureux? Il était le chef d'un petit État indépendant, mais soumis au kanoun qu'il avait fait. Il avait de beaux enfants empressés à lui plaire, quatre femmes épiant ses moindres désirs. Que manquait-il à son bonheur? il se faisait vieux et avait peur de mourir.

Un agha traversant un jour la montagne du Ferdzoua entre Collo et Djigelly, revenait triste et mécontent de sa chasse inutile à ce phénix de l'homme heureux. Il rêvait et ne regardait pas le chemin que suivait son cheval. Il se perdit dans la forêt, et marcha longtemps à l'aventure sans retrouver sa route. La nuit venait, son cheval fatigué ne marchait plus qu'avec peine, mais où s'arrêter? il ne voyait ni un douar ni une tente. Le soleil allait disparaître et ses rayons obliques perçaient à peine l'obscurité du bois.

Tout à coup il entend des voix joyeuses d'enfants

qui jouent, il dirige son cheval de ce côté, et bientôt arrivé dans une clairière, il aperçoit un misérable gourbi adossé au rocher.

Des enfants se roulent sur l'herbe où paît un petit troupeau de chèvres. Près de là, une femme, jeune encore, assise sur la porte de la cabane, file la laine, et sourit aux jeux de ses enfants. Tout respire le calme, la joie dans ce modeste asile, et malgré la pauvreté de la hutte qui sert d'habitation, et des vêtements des enfants demi-nus, l'agha est ravi du tableau qui s'offre à ses yeux.

Il s'approche, il demande l'hospitalité, et la femme lui répond simplement qu'il est l'envoyé de Dieu. Un des enfants lui baise le genou, en lui tenant l'étrier, l'autre conduit le cheval dans une grotte qui sert d'étable aux chèvres, et lui sert une abondante provende d'orge, tandis que la mère offre au voyageur une tasse de lait, quelques glands doux grillés, et une galette, tout ce qu'elle possède.

— Pauvre femme, dit l'officier quand il a satisfait sa faim, vous paraissez bien misérable, et souvent vous devez manquer du nécessaire.

— Oh non, répond la femme avec vivacité, Allah pourvoit à l'existence de tous ses enfants, et nous le remercions du fond du cœur de ce qu'il fait pour nous ; nous sommes pauvres, mais nos besoins sont petits, et le travail de mon homme suffit à nous faire vivre. Il est charbonnier, et la forêt n'est pas avare de son bois, c'est un trésor inépuisable, et chaque mois Ali va vendre dans les villages kabyles le produit de son travail. Notre petite famille bien portante, gaie, grandit autour de nous, et rien ne nous manque en vérité. Et tenez voici Ali.

En ce moment, un grand Kabyle, aux yeux bleus, à la barbe blonde, un de ces Vandales vaincus par Bélisaire, et qui refoulés allèrent s'établir dans les monts inaccessibles du Djurjura, apparut poussant devant lui un petit bourricot. Il avait la tête et les jambes nues, et un derbal, petit burnous, serré à la taille par une ceinture de cuir pour tout vêtement. Il arrive à son gourbi, et surpris d'y trouver un étranger, il est bientôt mis au fait du hasard qui l'a conduit dans sa maison ; il lui offre alors de partager son repas. Il a apporté du village du kouskoussou, sa femme le prépare, le sert, et la plus franche gaieté préside à ces modestes agapes, dont l'eau de la source voisine est l'unique boisson, et une galette de froment le plus substantiel aliment!

L'officier s'aperçoit bientôt qu'il a en face de lui l'homme qu'il cherche; le charbonnier, en effet, est content de son sort, il n'en envie aucun autre, peut-être parce qu'il n'en connaît pas de meilleur; mais ce que Dieu lui envoie suffit à ses besoins. Son petit champ fournit de l'orge et des fruits abondants : la forêt lui tend ses branches qu'il convertit en charbon, et chaque mois, quelques douros reviennent grossir le pécule qu'il tient caché dans un silos. Ce trésor il n'en a que faire, il le réserve pour ses enfants : il a une bonne femme, une famille qui l'aime, que lui faut-il de plus? il est heureux.

L'officier ravi de l'entendre ainsi parler se lève et lui frappant sur l'épaule, il lui dit :

— Tu es l'homme que je cherche; tiens, prends cette bourse pleine de sultanis d'or, tu en auras dix fois davantage, mais donne-moi ta chemise en échange,

Le charbonnier stupéfait le regarde en souriant, et paraît ne pas comprendre. L'officier répète sa demande, et le Kabyle regardant tour à tour sa femme et le jeune homme d'un air de compassion respectueux, dit à demi-voix :

— Adda maboul, c'est un fou.

Mais l'officier insiste, le presse de lui donner ce vêtement qui doit sauver la vie de son jeune maître, il explique au charbonnier la parole du marabout.

— Allons hâte-toi, je t'en prie, la vie du prince Abd-Allah, fils du bey de Ksentina, est entre tes mains, donne-moi ta chemise, vite, que je parte, le temps vole, ne m'entends-tu pas?

— Mais, sidi, je t'entends sans te comprendre ; je te donnerais volontiers ma chemise, mais je n'en ai jamais porté.

L'agha attristé retourna à la ville, et quand il y arriva, le fils du bey était mort.

CHAPITRE XXVIII

DÉPART DE CHELLATA. — LE COL. — LE PIC D'AZROU N'HOU

Au moment où, montés sur nos bêtes, nous quittions Chellata, l'aube blanchissait à peine de ses clartés le ciel d'un bleu de lapis. Le Djurjura élevait devant nous ses crêtes dénudées, et nous descendions dans la vallée encore enveloppée d'un nuage de vapeurs qui, flottant çà et là, nous en cachait la profondeur. Perdus dans cette brume, nous nous suivons pas à pas, mais bientôt tout se colore, tout s'anime; les nuages s'évaporent, la vallée semble s'ouvrir, les montagnes se dresser et les villages aux toits rouges, aux blancs madenehs, apparaissent entourés de leurs ceintures d'arbres verts, au-dessus des pentes hérissées de rochers.

Bientôt nous quittons la tribu des *Illoulen* pour entrer sur le territoire des *Aouzellaguen*, situé sur les plus hauts plateaux du Djurjura. Le pays offre un aspect aride, désolé; la terre grise et nue est parsemée de roches à fleur de terre, rongées de lichens et de mousses parasites. Les chênes nains, les oliviers sauvages, les lentisques, sont la seule végétation de ces régions élevées; le pays semble abandonné. La main et le travail de l'homme n'apparaissent nulle part; nous traversons un cimetière kabyle, facile à reconnaître aux petites murailles de pierre entre lesquelles pousse une herbe rare. Il y a un village près de là; nous le côtoyons : il paraît pauvre; les maisons sont basses, entassées les unes sur les autres, construites en pierre sèche et revêtues d'un torchis de terre et de mortier. Pas de jardin, pas d'arbres, comme à Chellata. En passant, nous apercevons l'intérieur de quelques-unes de ces cabanes sans fenêtres, à porte basse par laquelle pénètre un jour douteux. Des enfants chétifs, demi-nus, jouent avec des poules sur le pas de la porte; des femmes, enveloppées de sales haillons qui les couvrent à peine, laissent voir leurs membres amaigris par la misère, la faim peut-être. Ce spectacle est attristant. Quelques maigres champs d'orge sont disséminés sur le sol pierreux, que l'humus ne recouvre pas, et expliquent la misère des habitants des hauts plateaux; la terre avare leur refuse ses secours. Quel contraste avec les montagnes que nous voyons en face de nous et que séparent quelques mamelons et quelques vallées : ici, la terre nue, maigre, le silence, la misère; là-bas la verdure luxuriante, la richesse, l'activité, la vie!

Nous commençons à descendre un sentier étroit, raviné, semé de pierres énormes, et d'une telle roideur, que les mules trébuchent à chaque pas. Les bonnes bêtes n'avancent qu'avec la plus extrême prudence et ne lèvent le pied que lorsque l'autre est bien assuré. Les cailloux, détachés sous leurs pas, roulent et on les entend tomber au fond du précipice. Après deux heures de descente à pied, car il n'était plus possible de se tenir à cheval sans risquer une culbute par-dessus le col de la bête, nous arrivons au fond d'une vallée où quelques moulins font entendre leur joyeux tic-tac. Une belle source, dont je n'ai retenu que le nom français, la Source-Froide, roule ses eaux à travers les rochers et les touffes de lauriers. Un de nos spahis nous dit que quelle que soit la chaleur de l'été, la source ne tarit jamais. Une verte prairie étale auprès sa verdure. Nous nous étendons sous un frêne, je fais un croquis de ce site sauvage et charmant, pendant que mon compagnon dort, que les spahis grignotent je ne sais quoi et que nos bêtes broutent l'herbe tendre.

Cette réfection et le repos donnent de la force à tout le monde, et nous remontons à cheval. Nous côtoyons le pic d'Azrou n'hour, couronné par une koubba, où sont enfermés les restes d'un marabout qui fait encore des miracles par le simple attouchement de la pierre qui le renferme. A gauche, et dans le lointain, nous apercevons de nombreux villages toujours perchés sur les crêtes, et que nous traverserons infailliblement, car il n'y a qu'un chemin, et il relie entre eux tous les villages d'un pays.

L'un des nouveaux spahis que nous a donnés Ben-Ali-Cherif nous montre dans les flancs d'une roche une immense anfractuosité qui semble une bouche de l'enfer. C'est la grotte d'Iguenguen, sur laquelle existe une légende qu'il nous raconta en langage sabir. Cette grotte, dit la tradition, est gardée par les Djounns et renferme d'immenses trésors; mais le Kabyle superstitieux n'ose s'aventurer dans ses sombres profondeurs. Voici cette légende :

Il y a quelques années, un pauvre Kabyle des Aïth-Idjer rencontrait près de son village un inconnu qui, par ses récits, par ses promesses, parvenait à enflammer la convoitise du montagnard. Il lui promet la fortune s'il obéit à ses volontés, et il fait si bien qu'il le décide à le guider dans la grotte, l'assurant qu'il n'avait rien à craindre des Djounns, dont il saurait, par ses sortiléges, conjurer la colère.

Ils vont à la grotte, ils entrent munis d'une branche de sapin enflammée. Ils marchent avec précaution sur la roche humide, ils descendent en s'accrochant aux parois du rocher, et bientôt ils trouvent à terre des pièces d'or que le Kabyle veut ramasser; mais l'inconnu l'entraîne en lui disant qu'ils en verront des monceaux dans un moment. Bientôt ils arrivent à une immense anfractuosité où un rocher en saillie forme une espèce de porte. Des voix glapissent autour d'eux, leurs voix peut-être que les échos répètent et qu'ils prennent pour celles des Djounns. Le Kabyle effrayé veut s'enfuir, mais l'inconnu le retient, lui met en main un lourd marteau dont il doit frapper le rocher. Le Kabyle hésite et tremble; il demande à l'inconnu de l'aider dans cette tâche, mais celui-ci le rassure, en lui disant que déjà les Djounns, gardiens de la grotte, ont fui, et qu'il reste pour les conjurer. Les voix en effet se sont tues.

Le montagnard va au rocher et frappe quelques rudes coups qui retentissent dans ces solitudes. Mais bientôt un bruit de cascade se fait entendre, et un fleuve d'or roule aux pieds du Kabyle stupéfait.

Revenu de son émoi, le Kabyle se rue sur l'or qui gît à ses pieds. Lui toujours besogneux, à genoux depuis son enfance devant un douro, il se vautre sur les sultanis; il les foule aux pieds. Cependant il faut transporter le trésor au grand jour et tout doit être terminé avant le coucher du soleil, car la puissance du magicien expire avec le jour, et les Djounns reprendront à la nuit possession de leur empire. Tous deux firent de nombreux voyages; déjà le monceau d'or s'élevait et étincelait au soleil, et le trésor de la grotte paraissait à peine entamé. Enfin la nuit arrive, le soleil, à son déclin, ne lance plus que d'obliques et pâles rayons; il va disparaître derrière la montagne. L'inconnu juge prudent de s'en tenir là; mais le Kabyle veut faire un dernier voyage et résiste à toutes les prières de son compagnon. Il redescend dans la grotte, remplit son burnous d'une charge si lourde, qu'il plie sous le faix; il remonte péniblement la pente, mais ses forces trahissent son courage et s'épuisent. Ses pieds, alourdis par la fatigue, ne peuvent plus le soutenir; il tombe, il se relève, il tombe encore, et s'accroche désespérément aux parois du rocher, sans penser à abandonner son trésor. Cependant il avance, il entrevoit le jour; son compagnon, penché sur l'entrée, l'encourage de ses cris. Il arrive, il touche au port : tout à coup il se sent entraîné par une puissance invisible : le soleil a disparu, les Djounns ont emporté le malheureux Kabyle. L'inconnu fuit, abandonnant son compagnon à la fureur des esprits de la nuit. Quelque temps après, ses parents retrouvaient le cadavre complétement dévoré.

Ce fait remonte à peine à quelques années, et déjà le merveilleux s'en est emparé et en a fait une légende. Ce qu'il y a de vrai probablement, c'est qu'un pauvre Kabyle, poussé par l'avarice, la convoitise qu'enflammait une superstitieuse crédulité, s'est aventuré dans les grottes d'Iguenguen, s'y est perdu et y a trouvé la mort. Son corps, retrouvé à l'état de squelette, avait été la pâture des hyènes et des chakals.

Des premiers échelons du pic d'Azrou n'hour, où nous avons fait halte, le paysage est admirable. Au-dessus de notre tête, la crête chenue du rocher; à nos pieds, un océan de verdure luxuriante, de mamelons qui se succèdent à perte de vue et qui ressemblent aux vagues de la mer; puis, surnageant au milieu de ce splendide et vert paysage, de nombreux points blancs qui sont des villages kabyles. L'horizon lointain est noyé dans une brume fauve qui donne encore plus de vraisemblance à notre comparaison et ajoute à l'illusion.

CHAPITRE XXIX

PAYSAGES DU PAYS KABYLE. — IDYLLE
LES FEMMES A LA FONTAINE. — LA SOURCE DES MOUSTIQUES
LA LÉGENDE DU DJURJURA. — LA POTERIE D'IFERAOUNEN

Nous voilà de nouveau dans les montagnes, au milieu de solitudes effrayantes ; nous traversons une gorge resserrée entre les masses granitiques qui servent de contre-fort au pic d'Azrou. Ce col étroit, où la neige abonde pendant l'hiver, est fréquenté pendant la belle saison, car il fait communiquer entre elles plusieurs tribus. Les gens du pays, en vrais détrousseurs de route, prélevaient autrefois, à l'entrée de ce défilé, d'un accès difficile, un droit de passage sur les voyageurs. Nous suivons une crête rocheuse, et bientôt nous débouchons sur un plateau où l'on ne trouve d'autre végétation que quelques cèdres rabougris, écimés, tordus par les tempêtes de ces hautes régions. On dit que les tourmentes sont terribles sur ces cimes et que le passage est impossible de décembre à avril. Nous commençons à descendre, et je vois arriver notre guide porteur d'un bouquet cueilli çà et là. Il se compose d'une branche d'églantier à fleurs pâles, d'une touffe de genévrier nain, de chèvrefeuille et d'immortelle blanche[1]. Nous sommes à quatorze cents mètres au-dessus des vallées, dont l'œil ébloui peut à peine sonder les profondeurs, et cependant nous côtoyons le pied des pics dont les cimes neigeuses sont inaccessibles.

Nous suivons, en descendant, une chaîne de roches calcaires mêlées de silex. Le calcaire a été usé par le temps; les parties les plus dures, qui, seules, ont résisté, sont isolées et font ressembler la roche effritée aux feuillets d'un livre entr'ouvert. A la sortie du col, nous traversons des prairies très-arrosées, à herbe

[1] Ces fleurs ont en Kabylie de jolis noms. Le genévrier se nomme Taka; l'églantier, Thsarfeth; le chèvrefeuille, Touga N'irth'atan.

COL DE THIFILKOULT

courte et épaisse. Des azib, destinés à parquer les bestiaux pendant la nuit, indiquent les lieux où les tribus envoient paître leurs troupeaux. Le paysage, si nu et si triste il n'y a qu'un instant, devient charmant. Un ruisseau, qu'ombragent de grands chênes, se précipite dans la vallée en bruissant entre les cailloux. Sur un monticule où paissent des chèvres, un jeune berger presque nu joue, sur un flageolet fait d'un roseau percé, un de ces airs languissants qui font rêver et qui semblent s'harmoniser avec la tristesse de la solitude.

Plus loin, nous trouvons une fontaine au pied d'un mamelon que couronne un village kabyle. Cette fontaine, dont l'eau conserve toujours une fraîcheur de glace, se nomme *Aïnser guizane*, la source aux moustiques. Des femmes kabyles se pressent autour de l'auge de pierre, et remplissent leurs grandes amphores de terre brune bariolées de rouge. Les unes viennent du village, les autres y remontent à pas lents. Elles marchent courbées sous le faix de leurs jarres, les flancs et les reins trempés de sueur. A la vue d'étrangers, quelques-unes des jeunes filles essayent de cacher leurs visages ; des fillettes de sept à huit ans, voulant imiter leurs compagnes, ramènent sur leur front les plis de leur haiks rapiécés. C'est tout un tableau comique et gracieux ; mais à la vue de quelques piécettes d'argent, oubliant leur pudeur effarouchée, elles accourent nous offrir l'eau de leurs cruches. Nous bûmes à longs traits, nous remplîmes nos gargoulettes, car nous allions recommencer nos pérégrinations ascendantes et nos promenades sur les crêtes où il est rare de trouver de l'eau.

Nous commencions à trouver un peu longues ces ascensions perpétuelles des bouleversements de la nature dont les anfractuosités bordent une ligne de cinq cents kilomètres de long sur cent cinquante de large. Notre guide nous affirma sérieusement avoir entendu dire qu'autrefois le pays que nous parcourions avait été une immense plaine, et que le djerjera y avait été tout à coup implanté.

Je flairai de suite une de ces histoires légendaires que l'imagination poétique des Arabes sait si bien embellir, et dans l'espoir d'en faire mon profit, j'invitai le guide à me raconter ce qu'on disait à ce sujet ; voici ce qu'il nous répéta :

Les Hébreux commençaient à désespérer de trouver la terre promise qu'ils cherchaient à la suite de Moïse, quand ils rencontrèrent un pays de hautes montagnes qu'un géant habitait. Moïse, las des murmures de

FEMMES KABYLES A LA FONTAINE

son peuple, résolut de s'emparer de cette contrée et de s'y établir. Il dit donc aux Hébreux de préparer leurs armes, et il se mit en prières pour obtenir de Dieu la victoire.

Le roi géant, qui vit cette agglomération d'hommes, crut deviner leurs intentions hostiles. Pour la première fois, il redoute l'issue du combat, il tremble pour sa vie, pour ses possessions, et pendant la nuit, il fuit, en emportant son royaume sur ses épaules.

Il marche à grands pas toute la nuit, et le jour venu, il était à six cents lieues de son point de départ; quelles enjambées ! mais la fatigue l'accable, ses larges poumons n'aspirent plus qu'avec peine, il tombe et meurt enseveli sous le poids de son vaste empire qu'il avait ravi à ses envahisseurs.

De la fermentation du cadavre de ce géant naquit le peuple qui habite ces contrées montagneuses.

Légende singulière ! où l'on retrouve les poétiques créations de la Grèce ! les Titans foudroyés, Atlas portant le monde sur ses robustes épaules, et les humains créés par Deucalion après le déluge. Cette tradition kabyle contient le germe des récits mythologiques.

Nous en avons fini avec la nature abrupte, avec les cols accidentés et les ravins dangereux. Nous laissons derrière nous cette longue chaîne de crêtes dentelées coupée de crevasses profondes. Nous entrons dans un pays toujours montueux, mais luxuriant de verdure et d'un accès plus facile. Les figuiers, les oliviers, les chênes à glands doux dont on fait de la farine, les frênes gigantesques reposent la vue fatiguée des cataclysmes de la nature. On voit au loin les ruisseaux descendre de la montagne, se diviser en mille canaux créés par les Kabyles et arroser des vergers, des jardins. A mesure que l'on s'éloigne des rochers nus et stériles, on sent la vie renaître sous la main industrieuse de l'homme, et l'on voit apparaître la terre végétale si nécessaire à l'existence des plantes. Les pentes se sont adoucies et sont couvertes de produits de toute nature. Les grands arbres étalent leurs branches touffues et protégent les jardins remplis de cultures maraîchères contre les ardeurs du soleil. Les fontaines sourdent de tous côtés, et leurs eaux vives répandent l'abondance. Les villages sont toujours perchés sur les sommets ; mais ils n'ont plus cet aspect misérable des villages des hauts plateaux. Des vergers s'étalent tout autour parsemés d'oliviers, de figuiers, au tronc desquels s'enlace et grimpe la vigne. Les maisons sont plus propres et moins entassées. Les habitants sont moins pauvres, et leur visage grave inspire un air de calme satisfaction. Les enfants sont moins sauvages ; ils s'approchent et nous disent bonjour avec bonne grâce. Au bruit de nos chevaux, les portes s'entr'ouvrent, et les têtes apparaissent pour nous voir passer.

En traversant Iferaouenen, nous nous arrêtâmes devant une vieille femme qui façonnait des vases en terre, à double et triple récipient, dont l'usage est assez difficile à comprendre. Elle nous offrit quelques-uns de ses produits si singuliers de formes, si étranges de ton. J'achetai une gargoulette double peinte en jaune, bordée de rouge et tigrée de noir.

Je remarquai, pendant la conclusion du marché, cette vieille décrépite qui semblait vouloir lutter de singularité avec sa marchandise. Elle était aussi peinte que ses pots. Une couche de rouge violent s'étalait sur ses joues et faisait ressortir davantage les tons d'ivoire de son front. Ses yeux entourés d'un cercle de hennah, ses sourcils charbonnés grossièrement, ses lèvres rougies, son menton, ses narines, ses tempes, illustrés de tatouages bleus, faisaient de cette femme la plus drôle et la plus laide poupée qu'on puisse voir. Ajoutez à ce portrait un turban noir d'où sortaient des chaînes, soutenant d'énormes boucles accrochées à ses oreilles, un haik sale et troué qui flottait sur son corps maigre, et vous aurez une faible idée de cette variété du genre macaque.

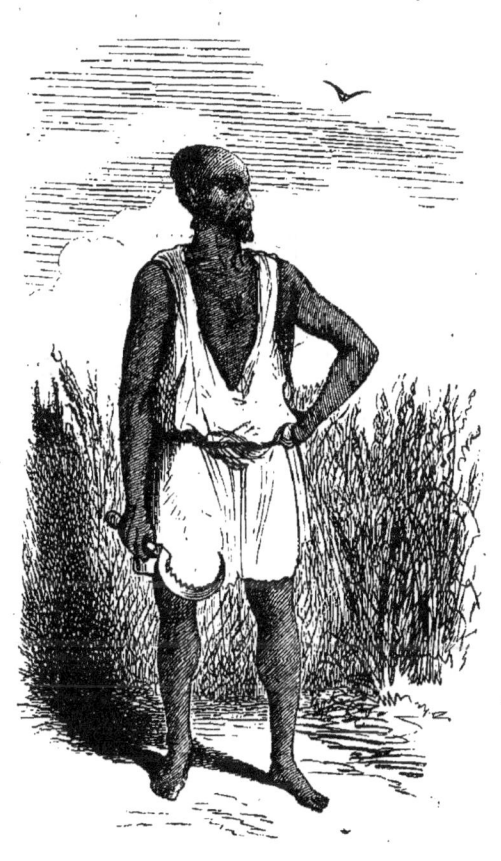

A la sortie de ce village, nous suivons un sentier bordé de champs d'orge, où des Kabyles, tête nue, sous le soleil brûlant, fauchent les épis. Ces hommes si simples, dont l'attitude énergique et fière rappelle le souvenir de ces anciens berbères qui, depuis des siècles, combattent, *pro aris et focis*, contre leurs envahisseurs, aujourd'hui soumis, nous saluent d'un geste amical, et s'informent, d'un mot, du motif de notre voyage ; puis ils reprennent la faucille à dents de scie, et se remettent au travail.

J'ai parlé de l'énergie de ce peuple que la civilisation n'a pas encore entamé, et qui, jaloux de son indépendance, a, pendant vingt ans, tenu nos armées en échec. Je parlerai bientôt de ces expéditions de 1840 à 1857. Mais je veux citer ici un trait singulier qui remonte à 1854, et qui donne la mesure de l'inflexible volonté et de l'astuce de sauvage des Kabyles.

En 1854, un Kabyle de la tribu des Frekat, jeune homme de dix-huit ans tout au plus, se présente devant le chef du bureau arabe de Dra-el-Mizan [1], et raconte qu'il vient du milieu des tribus soulevées par Bou-Bar'la, dans l'intention de tuer ce cherif, mais que n'ayant pu réussir à l'approcher, il a tué un de ses lieutenants, et qu'il s'est enfui. Il sollicite une récompense. Le commandant lui demande la preuve de son assertion.

La preuve, répond le Kabyle, la voilà ! et entr'ou-

---

[1] M. le colonel Beauprêtre, tué en juin 1864, dans la dernière insurrection soulevée dans le Sud, par Si-Hamza.

vrant son burnous, il montre une tête récemment coupée, défigurée déjà.

Ce récit fut fait avec un accent de sincérité qui n'éveilla aucune défiance. Le jeune Kabyle fut complimenté, et la tête enterrée.

Profitant de la crédulité du roumi, le Kabyle, dans un but ignoré, se mit à accuser les chefs de sa tribu d'entretenir le dérouïche *Bou-Bar'la*, l'homme à la mule, d'argent et de munitions, et il colora son récit de tant de détails précis, que chacun y crut. Le commandant manda les chefs à son bordj, et leur reprocha leurs menées avec l'ennemi des Français. Les Frekat protestent avec énergie contre cette accusation, peut-être vraie au fond, et offrent des otages de leur sincérité.

L'accusateur est amené et répète ce qu'il a dit. Les chefs Frekat le reconnaissent alors pour un raccoleur de Bou-Bar'la, et racontent qu'il y a huit jours il a emmené avec lui un homme marié de la tribu pour en faire un soldat, disait-il, mais en réalité pour l'éloigner de sa femme.

Le commandant pressent un crime odieux. Il fait exhumer la tête, et les Frekat n'hésitent pas à reconnaître le pauvre mari, embauché pour le compte du cherif.

Ce misérable, presqu'un enfant, n'avait rien trouvé de mieux, pour se défaire du mari, que de lui couper la tête, et sa dénonciation n'avait d'autre but que d'obtenir une récompense pécuniaire, à l'aide de laquelle il pourrait fuir avec la femme de sa victime dont il était épris.

Livré à la djémâa de sa tribu, il fut jugé et lapidé comme traître et assassin.

CHAPITRE XXX

ABD-EL-KADER EN KABYLIE

Après la prise d'Alger et la soumission du bey d'Oran, les tribus algériennes, qui ne sentaient plus peser sur elles la main de fer des Turcs, se livrèrent à toutes les violences, à tous les désordres qu'entraîne l'anarchie ; les instincts de guerre et de pillage, naturels aux Arabes, se réveillèrent ; les haines, accumulées dans les cœurs, s'assouvirent dans d'atroces vengeances, et la plaine du Hamza, près d'Aumale, ne fut pas à l'abri de ces excès. Ce vaste pays, qui s'étend au pied de la chaîne des montagnes de la Kabylie, était gouverné par une famille de marabouts, trop faible pour créer un gouvernement. Aussi cherchait-elle dans les hommes que feraient surgir les circonstances, un chef capable de dominer l'anarchie et de ramener la tranquillité et la confiance. On commençait à parler d'un jeune homme, qui, établi à Mascara, où il avait installé un gouvernement régulier, était vanté pour ses vertus, et surtout pour le courage aventureux qu'il avait montré dans diverses rencontres avec les Français d'Oran. Si-Mohamed, le marabout des Beni-Slyman, partit donc à la recherche de ce jeune chef, dans l'espoir de lui ouvrir les portes de la Kabylie, et d'opposer aux chrétiens ce nouveau défenseur de l'islam.

Ce chef était Abd-el-Kader [1]. Ben-Mahy-ed-Din [2] Ould-Sidi-Kadaben-Moktar, originaire des Hachems. Obligé de fuir la jalousie ombrageuse des Turcs, il avait fait avec son père, Mahy-ed-Din, un long pèlerinage à la Mekke; puis, rentré dans son pays, il avait cherché à se faire oublier, jusqu'à ce que le

---

[1] Abd-el-Kader, le serviteur du Tout-Puissant.
[2] Mahy-ed-Din, le conservateur de la religion.

jour prédit par les prophéties fût arrivé. Mais, après l'occupation d'Oran par les Français, il se mêla à la guerre que soutenaient nos troupes contre les tribus arabes, et se distingua par son sang-froid et par son courage. Les tribus, comprenant qu'il leur fallait un chef pour maîtriser le désordre et les conduire au combat, se réunirent dans la plaine d'Eghrisies, et, après le refus de Mahy-ed-Din, proclamèrent le jeune Abd-el-Kader, que son père leur présenta comme le chef annoncé par les prophètes. Ce sultan, au moment de son avénement, avait pour toute fortune quatre oukias (un franc), noués dans le coin de son burnous, à la manière arabe, et, comme un chef riait de sa misère, Abd-el-Kader répondit : « Dieu m'en donnera d'autres. » Dès le lendemain, des présents magnifiques lui arrivaient de tous côtés, et une contribution, imposée aux juifs et aux mzabites, remplit ses coffres.

Mais quelques tribus seulement lui avaient juré fidélité ; il fallait s'imposer aux autres. Le sultan du Maroc, auquel, par une adroite politique, il avait demandé l'investiture, le nomma son khalifa, en prescrivant de lui obéir comme au chef de la guerre sainte ; mais, en général, les tribus de la province d'Oran lui refusèrent obéissance ; toutefois quelques entreprises heureuses sur les tribus hostiles, quelques exécutions sévères contre les kaïds soupçonnés d'intelligence avec les Français, quelques razzias fructueuses, lui ramenèrent l'opinion. Sa réputation de sagesse, de piété, de justice, lui attira des partisans, et c'est à ce moment que le marabout Si-Mohamed et la suite nombreuse de ses parents vinrent lui offrir la souveraineté de leur pays.

Abd-el-Kader accepta, en se fondant sur la mission qu'Allah lui avait donnée de refouler les chrétiens et de créer un grand royaume arabe. Il les renvoya, en leur prescrivant de prêcher dans toute la Kabylie l'obéissance au nouveau sultan ; enfin, il leur promit d'aller bientôt les visiter dans leurs montagnes. En moins d'un an, il était maître de tout le pays, depuis le Maroc jusqu'à Tittery. Il avait nommé des khalifas qui gouvernaient en son nom, et le général Bugeaud donnait la sanction à son pouvoir, en lui attribuant, dans le traité de la Tafna, le titre d'*Emir-el-Moumenin*, commandeur des croyants.

Mais Abd-el-Kader comprenait que la conquête la plus importante pour la suite de ses desseins était la grande Kabylie. Maître d'un peuple courageux, opiniâtre, habitant un pays riche, et à l'abri de l'invasion par la difficulté de ses abords, il espérait de là diriger facilement la guerre avec les Français contre lesquels son fanatisme méditait une nouvelle levée de boucliers ; il y envoya, comme chef, un Kabyle, qui lui avait exagéré son influence sur la tribu des Beni-Khalfoun, dont il était originaire, et le nomma son khalifa, en le recommandant aux chefs des Flissas et des Ameraouas, Ben-Zamoun et Bel-Kassem-ou-Kassy. Le représentant d'Abd-el-Kader se montra avec une suite peu nombreuse ; il fut bafoué, humilié, sans pouvoir se venger des moqueries et des insultes de ces montagnards, qui ne connaissaient que la force qui s'impose. Il retourna alors vers le maître, qui l'avait chargé d'un rôle au-dessus de ses forces ; et Abd-el-Kader, au récit des humiliations qu'avait endurées son khalifa, comprit qu'il n'assoierait son autorité d'une manière durable qu'en faisant subir un châtiment exemplaire à l'une des tribus qui avait méconnu son envoyé, châtiment qui serait pour les autres une terrible et salutaire leçon. Ce fut sur les Zouathnas, qui avaient déchiré ses lettres avec mépris, que tomba sa colère. Les Zouathnas, colonie composée de Turcs expulsés d'Alger, après une conspiration, et qui s'étaient unis aux femmes du pays, n'avaient que peu d'alliance avec les Kabyles de la montagne. En les punissant, Abd-el-Kader, sans craindre un soulèvement général. était sûr de frapper de terreur toutes les tribus qui avoisinaient ces victimes désignées de sa vengeance.

L'émir arrivait donc à l'improviste dans le pays des Zouathnas, avec sa cavalerie et quelques bataillons d'infanterie, et plaçait son camp au pont des Beni-Hini. Les tribus des Zouathnas s'empressèrent d'envoyer leurs gadâ, présents de soumission ; Abd-el-Kader les reçut, mais sans pour cela abandonner ses projets. A la vue de ces préparatifs de combat, les Zouathnas, sur lesquels l'émir avait frappé un impôt de 40,000 boudjous pour leur quarante villages, s'enfuirent dans les montagnes. Abd-el-Kader fit venir les kaïds de la tribu, les rassura, leur donna la lettre d'aman, de pardon, avec son chapelet, comme gage de sa parole, et les engagea à faire revenir les fuyards et à faire rentrer la contribution exigée.

Le lendemain, la moitié de la somme lui était apportée, et l'autre moitié promise pour le jour suivant, mais en produits du sol, en bœufs, en bêtes de somme, car la tribu n'avait plus d'argent. L'émir s'engagea à attendre; mais, le lendemain, au point du jour, au mépris de ses promesses, et par une mauvaise foi dont il a donné de nombreux exemples pendant sa carrière, il attaquait les villages; une partie de ses troupes se ruait sur El-Argoub, dont les habitants, confiants dans la promesse du marabout, n'avaient fait aucun préparatif de défense; Tamarkaunit, abandonné par les Kabyles, était livré au pillage, tandis qu'une troisième colonne marchait sur les Ouled-Zian, qui, voyant de loin venir leurs ennemis, s'étaient postés sur l'Oued-Tamda.

— Justice! criaient les pauvres Kabyles, nous avons payé l'impôt.

— Il n'y a pas de justice, répondirent les sicaires de l'émir; le sultan n'est pas venu pour prendre vos biens, mais vos têtes.

Et ils fondirent sur les Zouathnas qui, grâce aux difficultés du terrain, défendirent, pied à pied, leur territoire. Le combat dura toute la journée; le soir venu, ils durent céder au nombre toujours croissant de leurs adversaires. Leurs femmes, leurs enfants, leurs troupeaux, tombèrent aux mains du vainqueur. Le kaïd El-Beyram, blessé grièvement, était au nombre des prisonniers.

On amena devant Abd-el-Kader les femmes, les enfants entièrement nus, et au milieu d'eux le kaïd blessé.

En l'apercevant, l'émir l'apostropha vivement :

— Ennemi de Dieu, comment as-tu pu marcher sur ta religion jusqu'à accepter l'investiture des chrétiens ?

Le kaïd répondit avec hauteur :

— Eh quoi ! tu me reproches de m'être allié aux chrétiens, et toi, n'es-tu pas à leur service ? ils t'ont grandi au point de te permettre de manger le pays en longueur et en largeur.

— Impie, reprit Abd-el-Kader, ; oses-tu me parler ainsi ?

— Je ne fais que répondre à ton attaque.

L'émir, blême de colère, se tourna alors vers son escorte, en s'écriant :

— Par le Dieu tout-puissant ! qu'on me fende à droite et à gauche la bouche qui a prononcé les paroles infâmes que vous venez d'entendre.

Les chaouchs se précipitèrent sur le kaïd, et, à l'aide de couteaux, exécutèrent l'ordre barbare de leur maître. Cet homme, bravant la colère de l'émir, ne proféra pas une plainte, ne poussa pas un cri. Il fut ensuite entraîné et décapité. Le lendemain, d'autres chefs, qui avaient bravement défendu leurs foyers, furent aussi mis à mort. Les femmes, les enfants, parqués comme du bétail dans une partie reculée du camp, et, devenus la propriété d'Abd-el-Kader, furent envoyés à Ouezza, dans la province de Tittery. Un marabout les fit évader, et ils retournèrent dans leurs montagnes, mais nus et dénués de tout. Les Zouathnas n'existaient plus.

CHAPITRE XXXI

ABD-EL-KADER CHEZ LES KABYLES

SUITE

L'émir, après ces sanglantes exécutions, s'était établi près de Bouzequeza, dans le but ostensible d'apaiser les colères et de rétablir l'autorité, en réalité, pour nouer des relations avec les puissantes tribus des Flissas et des Ameraouas qui l'entouraient. Il espérait semer l'inquiétude par sa présence, et amener ainsi des soumissions. En effet, les Ameraouas vinrent d'eux-mêmes à son camp et lui offrirent cent cinquante mulets chargés de produits de leur pays, pour son armée. L'émir accepta et leur

donna pour son khalifa un homme choisi par eux ;
Sidi-Ahmed-ben-Salem fut reconnu khalifa du Sébaou. Abd-el-Kader le revêtit d'un burnous magnifique, et lui fit l'insigne et rare honneur de faire jouer sa musique pour lui.

L'émir avait aussi écrit aux Flissas, sollicitant leur concours pour la guerre sainte, et leur chef, Ben-Zamoun, était venu. Abd-el-Kader lui donna l'investiture comme agha des Flissas, des Matékas, des Guetchoulas, Beni-Kalfoun, Ouled-el-Aziz et Nezlyouar. Ben-Zamoun avait de l'ascendant sur les Kabyles montagnards. Dès lors l'émir avait un pied dans les montagnes ; mais il comprenait de quels ménagements avait besoin son autorité naissante, et il se garda bien, en adroit politique, de rien réclamer de tribus dont le chef venait de faire acte de soumission.

Ce résultat, qui le grandissait aux yeux des Arabes, obtenu, Abd-el-Kader retournait dans la province d'Oran.

Nous ne suivrons pas le khalifa de l'émir dans ses luttes incessantes avec ces populations remuantes, indomptables ; cela nous entraînerait trop loin. Nous n'avons eu d'autre dessein que d'indiquer le degré d'obéissance qu'obtint Abd-el-Kader en Kabylie. Il n'y revint qu'en 1839, et, à cette époque encore, il put se convaincre que jamais il ne parviendrait à asseoir sur ces âpres montagnards une autorité complète ; mais sa piété vraie ou affectée, ses titres de hadj et de marabout, la simplicité de ses vêtements, sa renommée de guerrier, en lutte depuis huit ans avec les infidèles, lui attirèrent l'admiration des Kabyles, qui lui promirent une alliance sûre et un concours énergique dans la guerre sainte (djedad), mais rien de plus. Partout les subsides lui furent refusés avec audace, et même il dut fuir devant l'attitude des Kabyles, qui, près de Bougie, le soupçonnèrent de connivence avec les Français. Cet épisode intéressant de la vie d'Abd-el-Kader fera, mieux que tous les récits, connaître les mœurs et le caractère de ces rudes populations.

En 1839, Abd-el-Kader arrivait, à l'improviste, dans la plaine du Hamza, suivi d'une centaine de cavaliers. Son khalifa, Ben-Salem, vint le chercher au Bordj-Hamsa, et, après lui avoir offert, à Bel-Kreroub, la magnifique hospitalité de sa demeure, il le conduisit dans la montagne à Bordj-Boghni et à Si-Ali-ou-Moussa.

La présence d'Abd-el-Kader en Kabylie fut bientôt connue; les Kabyles voulaient voir ce jeune et vaillant champion de l'islamisme. Tous les sentiers furent couverts de piétons qui descendaient des villages, des hauts plateaux, et venaient se presser autour de sa tente, sans oser y pénétrer. Toutes les tribus environnantes, les Flissas, les Beni-Raten, les Beni-Zemenzar, les Guetchoulas, les Zouaouas, étaient là réunies en foule nombreuse, ardente, appelant l'émir et demandant à le voir.

Il se présenta sur le seuil de sa tente, et ces rudes montagnards, dont les cavaliers d'escorte avaient peine à contenir l'enthousiasme, contemplèrent ce beau visage pâle, aux longs yeux de gazelle, que faisaient ressortir encore les plis d'un haik blanc encadrant sa barbe noire.

L'émir, calme et grave, au milieu du tumulte occasionné par sa présence, leur demanda où étaient leurs chefs.

— Nous n'en avons pas, répondirent les Kabyles; nos chefs sont tirés d'entre nous : nous obéissons aux amines et aux marabouts.

Les amines s'étant présentés, le saluèrent avec une respectueuse gravité, mais sans servilisme. Abd-el-

Kader leur demanda quel était le chef général de la confédération.

— Personne, parmi nous, répondirent les amines, ne réunit la volonté de tous ; mais, nous les amines, élus par le peuple dans nos djémaas (assemblées), nous représentons la volonté générale.

— S'il en est ainsi, reprit Abd-el-Kader, je recommande aux amines d'être bien avec mon khalifa, de le servir et d'obéir à ses ordres.

— Nous sommes disposés à vivre en bonne intelligence avec votre khalifa, répondirent les amines, mais qu'il n'exige jamais d'impôts, comme il l'a déjà fait dans les plaines; car nos ancêtres n'en ont jamais payé, et nous voulons suivre leur chemin.

— Vous me donnerez au moins des subsides pour la guerre sainte?

— Nous payons à nos mosquées, nous donnons à nos zaouias, et nos pauvres en profitent : tels sont nos usages.

Abd-el-Kader s'irritait de cette résistance; mais son visage impassible n'en laissait rien paraître. On lui apporta la *diffa* : avant d'y toucher, il voulut savoir si les Kabyles persistaient dans leurs refus, et il parla encore de l'impôt. Les amines, s'animant à cette discussion, lui dirent rudement:

— Vous êtes venu chez nous en pèlerin, et nous vous avons offert le repas de l'hospitalité; cessez ce langage dont vous pourriez vous mal trouver; si vous étiez venu ici comme maghzen, comme chef, voulant imposer son autorité, au lieu de kouskoussou blanc, nous vous aurions rassasié de kouskoussou noir (de poudre).

Abd-el-Kader, toujours patient, leur répondit par un long discours, qu'il nous est impossible de transcrire en entier. Nous lui emprunterons seulement quelques phrases[1] :

— Dieu m'a élevé pour rétablir la religion du prophète et anéantir la puissance des chrétiens.

« Sachez bien que si je ne m'étais opposé aux empiétements des Français, déjà depuis longtemps ils auraient nagé jusqu'à vous, comme une mer en furie... Je suis l'épine que Dieu leur a placée dans l'œil ; et, si vous m'aidez, je les jetterai à la mer...

« Rendez-moi donc des actions de grâces de ce que je suis l'ennemi mortel de votre ennemi...

« Je n'exige de vous pour triompher des chrétiens qu'accord et obéissance ; je ne vous demande, pour soutenir mes armées, que ce qui est ordonné par Dieu, le maître du monde. Obéissez donc à mon khalifa... Je prends Dieu à témoin de la sincérité de

---

[1] M. le général Daumas a eu entre les mains tous les documents, lettres, témoignages, rapports relatifs à ces entretiens de l'émir avec les Kabyles, et il en a donné dans son beau livre de *la Grande Kabylie* un récit coloré. Nous ne saurions emprunter à une source plus sûre des extraits de cet événements. Tout ici est donc historique.

mes paroles; si elles n'ont pu trouver le chemin de vos cœurs, vous vous en repentirez un jour, mais d'un repentir inutile... Je vous croyais des gens sages, et je vois que je me suis trompé; vous n'êtes que des troncs noueux et inflexibles. »

— Nous vous jurons, reprirent les amines, que nous sommes des gens sensés; mais nous ne voulons pas que personne s'initie à nos affaires, ou cherche à nous imposer des lois; nous continuerons à payer ce que nous devons à nos zaouias, mais nous ne voulons pas que des étrangers en profitent. Quant aux chrétiens contre lesquels vous nous offrez de nous défendre, qu'ils viennent jamais chez nous, nous leur ferons voir ce que peuvent les Kabyles à la tête et aux pieds nus.

— Assez, assez, interrompit Abd-el-Kader. Le pèlerin s'en retournera comme il est venu; que la volonté de Dieu soit faite!

— Allez en paix, dirent les chefs kabyles; les pèlerins sont toujours bien reçus chez nous; nous pratiquons l'hospitalité. Venez une autre fois en prince, suivi d'une armée nombreuse, et demandez-nous ne fût-ce que la valeur d'un grain d'orge, vous n'obtiendrez que de la poudre : c'est notre dernier mot.

L'émir monta à cheval et partit, cherchant dans les autres tribus des alliés plus souples et plus disposés à lui obéir. Il gagna le bordj Tizzi-ouzzou chez les Améraouas. Il tint aux Kabyles de ces contrées les mêmes discours, et, s'il en reçut des réponses moins rudes en la forme, le fond fut à peu près le même. Les Améraouas promirent de se soumettre si les tribus qui les entouraient faisaient leur soumission. Il visita ensuite les Beni-Aïcha, qui le reçurent en faisant une fantasia de coups de fusil en son honneur; de là il se rendit chez les Flissas, à Tamdiret, où était établi le camp de Ben-Salem. Les chefs des Issers, des Beni-Thour, vinrent le voir au camp, et rendirent hommage, moins au chef qu'au marabout, dont les ancêtres descendaient du Prophète. Il les consulta sur la possibilité d'un voyage chez les Zanaouas et les tribus voisines de Bougie.

Ben-Zamoun et les autres chefs qui connaissaient l'esprit indépendant, ombrageux de ces tribus puissantes, le dissuadèrent de se présenter avec son escorte de cavalerie au milieu de populations sauvages et insoumises, et lui conseillèrent de voyager en pèlerin, porteur de leur anaya. Il congédia ses cavaliers, après avoir distribué entre eux une partie des présents des Kabyles; puis il se mit en route, traversa les hauts plateaux du Sidi-Yaya-bou-Hatem, des Beni-Ourglis, des Toudja, et souvent il eut à subir leur sauvage hospitalité.

Les Kabyles, la tête nue, le bâton à la main, à peine vêtus d'une habaya, arrivaient en foule, apportant leur diffa, détestable kouskoussou à l'huile, empilé dans d'immenses plats de terre. Puis, la plaçant devant la tente de l'émir, ils plantaient leur bâton dans le plat, en vociférant : « Mange, tu es notre hôte, » jusqu'à ce qu'il y eût porté la main.

Abd-el-Kader dut goûter à chaque plat, pour ne pas irriter les Kabyles par une préférence. Enfin, il arriva chez les Sidi-Mohamed-ou-Maameur, en face de Bougie. Le commandant de la place adressa à l'émir un courrier qui éveilla les soupçons des Kabyles. Cependant rien n'était plus naturel, puisque nous étions en paix avec Abd-el-Kader; mais les montagnards crurent que l'émir entretenait une correspondance avec nous, dans le but de les trahir. Des menaces, des imprécations se firent entendre autour de sa tente, et elles devinrent si violentes, que Ben-Salem et quelques chefs qui l'accompagnaient ne le crurent plus en sûreté au milieu de cette émeute. Il dut s'enfuir et gagner d'une seule marche les Beni-Brahim, situés à trente lieues de là. Ben-Salem lui fit alors ses adieux, et l'émir continua sa route seul, protégé par l'anaya d'Amzian, dont nous avons parlé au commencement de ce livre. Il arriva bientôt à Bordj-el-Bouira, puis dans les plaines du Hamza; enfin, il gagna le Gharb, où il était en sûreté.

Il rentrait dans son camp, au milieu de ses fidèles réguliers, consterné de l'échec qu'il venait de subir, échec qui ruinait, à tout jamais, ses espérances de domination.

Tel fut l'accueil que reçut de ce peuple sauvage l'homme qui, pendant quinze ans, fut l'obstacle le plus sérieux, le plus constant de notre colonisation Il avait, pendant cette longue période, tenu en suspens le succès de nos armes, et il n'avait pu dominer les Kabyles.

CHAPITRE XXXII

INSURRECTION DE KABYLIE. — COMBAT D'ICHERIDEN

Depuis le jour où les Français ont mis le pied sur le sol africain, les tribus kabyles, fidèles à leurs idées de liberté, se sont tenues fièrement devant nous, défendant pied à pied leur territoire, ne cédant qu'à notre stratégie et à la force de nos armes. Il a fallu quatorze expéditions successives pour les soumettre. Je n'entreprendrai pas ici le récit de ces combats où luttait le fanatisme aveugle contre une puissance qui leur apportait dans les plis de son drapeau la civilisation avec la paix, la richesse par le commerce. Je ne retracerai pas ces longues et difficiles opérations de guerre que des voix plus autorisées que la mienne ont racontées avec tant de verve; je ne veux que donner, par le récit d'un de ces combats, une idée de l'âpre et ardente énergie de ce peuple qui n'a pas dégénéré.

J'ai vu dans la tribu du Menguillet, et sur les confins de celle des Beni-Raten, le théâtre du combat. J'ai vu les rochers encore teints du sang français, et je veux tenter de faire comprendre toute l'horreur d'une victoire chèrement achetée. La Kabylie, par sa situation au milieu de montagnes souvent inaccessibles à une armée, par son vaste périmètre dont le blocus et l'investissement étaient impossibles, par l'énergique résistance de ses habitants, qui protestaient à coup de fusil contre notre présence dans leur pays, la Kabylie, dis-je, a pu résister longtemps à nos armées, et ces diverses causes, auxquelles venaient s'adjoindre les fautes d'un gouvernement qui restreignait sans cesse les moyens d'action, expliquent pourquoi nous avons guerroyé pendant vingt ans sans la soumettre.

De 1838 à 1857, quatorze expéditions ont été faites contre la Kabylie; de rudes leçons ont été données à ces montagnards belliqueux et fanatiques qui se soumettaient partiellement, oubliant leurs serments à la première levée de boucliers des tribus voisines : mais ces combats, où la victoire nous resta toujours, n'eurent aucun résultat décisif.

Pendant les huit premières années de la lutte, les Kabyles, commandés par Ben-Salem, khalifa de l'émir, par Bel-Kassem-ou-Kassi, son lieutenant, par Bou-Bar'la, l'homme à la mule, par l'homme à l'ânesse (el hadj amar) et d'autres chefs moins connus, défendirent pas à pas leur territoire. Je passe ces temps funestes pour raconter un des épisodes de la dernière campagne faite par M. le maréchal Randon, ayant sous ses ordres trois divisions commandées par les généraux Mac-Mahon[1], Renault et Yusuf. Je veux parler de la prise d'Icheriden, que j'ai traversé le 20 juillet 1864; Icheriden, situé sur un plateau des plus élevés, adossé à une muraille de rochers et relié à d'autres montagnes par une crête de pitons dentelés ; et je me suis demandé par quels prodiges d'audace nos soldats ont pu l'aborder, défendu qu'il était par la nature et par des barricades élevées à toutes les anfractuosités du terrain.

[1] Aujourd'hui duc de Magenta, l'un des preux de la campagne d'Italie.

La deuxième division du corps expéditionnaire, commandée par le général Mac-Mahon, et partagée en deux brigades, l'une, d'avant-garde, conduite par le général Bourbaki, l'autre par le général Périgot, partait d'Aboudid, que quatre kilomètres séparent d'Icheriden. A droite et à gauche sont les villages amis des Béni-Raten et des Fraoucen[2]. En avant d'Icheriden, et à quinze cents mètres environ, s'élève un plateau étroit et découvert. C'est là que le général Mac-Mahon concentre ses troupes pour les lancer sur le village lorsque le canon aura ouvert la brèche dans les retranchements kabyles.

En face, se dresse la montagne sur le sommet de laquelle est planté le nid d'aigle que nos troupes doivent enlever. Il faut, pour l'atteindre, descendre dans la vallée et remonter la pente ardue en enlevant successivement les barricades amoncelées sur tous les points accessibles.

Derrière ces remparts formidables, abrités par tous les plis du terrain ou des rochers, les Kabyles apparaissent, le fusil à la main ; ils attendent l'attaque, et

---

[2] Les Fraoucen n'ont jamais été très-hostiles ; ils prétendent descendre des Francs. On rencontre chez eux beaucoup d'hommes blonds avec les yeux bleus. Ils ont le type germanique.

l'on voit les burnous blancs passer et repasser çà et là.

Le signal est donné; le canon tonne, les fusées à la congrève serpentent avec un bruit aigu; les obusiers lancent leurs boulets creux qui vont éclater au milieu des barricades, et l'on entend dans le lointain leur sourde explosion. Les Kabyles ont disparu. Le feu de l'artillerie cesse, par ordre du général Mac-Mahon, qui lance Bourbaki et ses bataillons sur la chaussée qui relie Icheriden au plateau où ils sont massés. Qu'on se figure une corde mal tendue, c'est la chaussée profonde de trois cents mètres, longue de neuf cents, bordée de ravins, qu'il faut descendre et remonter sous le feu ennemi.

Les clairons sonnent la charge; les zouaves, le 54ᵉ de ligne s'élancent sur la pente, la descendent comme une trombe, et grimpent sous les feux plongeants de deux barricades qui bordent la crête. Des hurlements stridents les accueillent, une fusillade terrible les arrête. En vain les officiers, le sabre haut, cherchent à entraîner leurs soldats : ils tombent avec eux sous les balles. Les cadavres s'amoncellent sur l'étroite chaussée, quelques-uns roulent dans le ravin.

Une angoisse inexprimable serre le cœur de tous les spectateurs restés sur le plateau. Il y a un temps d'arrêt d'une minute qui semble une heure, tant elle est longue à s'écouler. Tout à coup une troupe se détache, et, l'arme au bras, marche rapidement, en tournant les Kabyles par la droite; elle avance en bon ordre, malgré les difficultés du chemin. C'est la légion étrangère. Les Kabyles se groupent, font face à ce danger imprévu et commencent sur ces nouveaux assaillants un feu des plus nourris. Les soldats marchent toujours; leur commandant Mangin est à cheval à leur tête, et bientôt ils abordent le retranchement, y pénètrent en masse, tuant tout ce qui s'y rencontre. Les zouaves s'élancent de leur côté, entrent de face dans la barricade et continuent la boucherie. Les Kabyles, se voyant coupés, fuient, en descendant la montagne.

Les deux corps réunis montent ensemble sur Icheriden, qui ne peut tenir longtemps contre la fureur de nos soldats. Les Kabyles lâchent pied, tout en continuant à se défendre et se mettent en retraite par la vallée des Beni-Yenni et par le chemin tortueux qui conduit d'Icheriden à Aguemoun-izen, chez les Beni-Raten. On les poursuit; mais, derrière chaque arbre, à l'abri des rochers, profitant de toutes les sinuosités du chemin, les Kabyles font un feu meurtrier sur nos soldats. Ils s'éloignent cependant, et bientôt la fusillade cesse tout à fait.

La 2ᵉ brigade, l'état-major, s'avancent alors et viennent camper sur Icheriden. Quel triste spectacle s'offre sur leur passage ! De tous côtés les cadavres sèment la route : ici des blessés gémissent sous le bistouri du chirurgien ; là des mourants sont enlevés et portés aux ambulances ; d'autres implorent des secours. Les barricades, faites de poutres, de troncs d'arbres, de pierres, de portes, enchevêtrées dans les rochers, sont ouvertes avec peine et témoignent d'une résistance acharnée. Derrière ces retranchements, le sol est couvert de débris de cartouches et de sang. Les cadavres sont rangés à la file, et leurs visages contractés, leurs yeux vitreux semblent encore nous menacer.

La défense et la prise d'Icheriden coûtèrent bien des vies à la France. Trois mille Kabyles, bien retranchés, tirant à canons appuyés sur d'étroites meurtrières, défendaient tous les passages. Comme toujours, nos braves troupes se jetèrent tête baissée dans ce péril et payèrent de leur vie leur témérité. Aussi le chiffre des pertes en morts et en blessés fut-il considérable ! Mais l'effet moral fut énorme en Kabylie et amena l'ébranlement de tout le pays. L'armée ne trouva plus, à dater de cette victoire, que des résistances partielles produites par ce préjugé d'honneur national qui veut que le Kabyle ne se soumette qu'après avoir eu sa *journée de poudre*. Il n'y eut plus de ces réunions de contingents pour la défense du pays et de la religion des ancêtres.

Mais ce n'était pas tout de conquérir pied à pied cette partie du Djurjura, il fallait conserver la conquête ; il fallait s'implanter au milieu des villages conquis et y fixer à jamais notre drapeau. Tout en laissant aux Kabyles leurs lois, leurs coutumes, leur autonomie en un mot, le maréchal Randon voulut établir sur le plus haut plateau une forteresse qui tînt en respect ces tribus remuantes, toujours animées de cet esprit d'indépendance inhérent au caractère, et une route qui la reliât avec Alger. Toute l'armée quitta le fusil pour la pioche, et, en moins de trois semaines, malgré des obstacles incroyables, une route de six mètres de large, de vingt-huit kilomètres de long, se traçait entre Thizzi-Ouzzou et Souk-el-Arba. Bientôt les murailles de cette forteresse se dressaient au sein de la Kabylie, et les Kabyles, dans leur poétique langage, l'ont nommée le Fantôme blanc.

Dès ce jour, ils pouvaient s'avouer vaincus. C'est

ce sentiment qu'expriment les chansons de l'époque, à l'aide desquelles les poëtes kabyles conservent leurs souvenirs historiques :

« Voilà le chrétien arrivé à l'Arba; il commence à y bâtir; pleurez, mes yeux, des larmes de sang. Les Beni-Raten sont des hommes vaillants; ils sont connus pour les maîtres de la guerre; ils se précipitent à Icheriden; l'ennemi tombe comme les branches d'arbre que l'on coupe ! Gloire à ces braves ! Mais le roumi nous a pilés comme des glands; la poudre ne parle plus. Les hommes de cœur se trouvent anéantis; prends le deuil, ô ma tête !

« Pauvre cher Adni, village de l'orgueil, tes enfants étaient habitués à faire face aux cavaliers; ils prendront maintenant le chemin de la corvée... Infortunée Lalla Fathma de Sommeur[1], la dame aux bandeaux et au henné; son nom était connu de toutes les tribus, et la voilà captive ! O mes larmes, coulez comme les pluies du printemps ou comme les pluies d'orage.

« Tu es vaincue, montagne de la victoire, dont

---

[1] Lalla Fathma, prohétèse kabyle, qui habitait dans la tribu Illiten, le village de Soummeur, marchait au combat avec les contingents de la tribu. Elle fut faite prisonnière dans un engagement.

les Beni-Raten étaient les plus valeureux guerriers. La fierté s'est éteinte dans nos cœurs ; le soleil est tombé sur les hommes!... »

Après ce combat qui amena la soumission des Beni-Raten, des émissaires du maréchal Randon se répandirent dans les villages de la tribu, répétant que les propriétés seraient respectées par les vainqueurs, que les lois et coutumes seraient maintenues, et même que les armes de ces fiers vaincus de la veille leur seraient laissées. Cette dernière condition décida de leur fidélité, et le lendemain les amines de chacun des villages se présentaient au camp pour obtenir l'aman.

Le maréchal leur demanda s'ils venaient au nom de tous, et s'ils avaient pouvoir de s'engager.

— Oui, répondirent les amines, la parole que nous t'aurons donnée, tous les gens de notre tribu y demeureront fidèles.

— Eh bien! reprit le maréchal, mes conditions les voici : Vous reconnaîtrez l'autorité de la France, et payerez une contribution de guerre de cent cinquante francs par fusil.

Les Kabyles répondirent que beaucoup d'entre eux ne pouvaient payer une somme aussi forte.

— Si ces conditions ne vous conviennent pas, reprenez vos armes, nous les nôtres; la poudre en décidera. Du reste, vous n'avez pas manqué d'argent pour soulever les tribus déjà soumises par nos armes; faites de même en cette occasion.

Les amines promirent de payer; ils consentirent encore à ce que des routes fussent ouvertes dans leurs montagnes, des forts construits sur les hauts plateaux.

— A ces conditions, reprit le maréchal, vous serez admis sur tous les marchés de l'Algérie pour y vendre ou échanger vos produits. On respectera vos femmes, vos enfants; on ne touchera ni à vos maisons, ni à vos champs.

Les Kabyles écoutaient en silence, sans manifester ni joie, ni mécontentement. Leurs visages étaient impassibles; le maréchal continua :

— Je ne vous imposerai ni kaïds, ni khalifas; vous garderez vos lois, vos djemâas, comme par le passé; vous élirez vos amines... vous...

Il ne put achever : une explosion de cris de joie venait de sortir de toutes les poitrines. Ces natures sauvages, mobiles, laissaient déborder dans des vociférations l'enthousiasme que leur causaient ces dernières paroles du vainqueur. Ils partirent, emportant ces promesses à leurs concitoyens, promesses religieusement tenues par nous.

La campagne de 1857 a été la dernière. La Kabylie est pacifiée. Elle ne songe plus à fomenter des insurrections qui lui ont été toujours fatales, car la ruine, l'incendie, en ont été la suite; mais elle demeure trop encore aujourd'hui, en dehors de notre contact direct.

La Kabylie a été divisée en circonscriptions territoriales; à la tête de chacune d'elles se trouve un officier français, chargé de la surveillance des tribus placées sous son commandement. Chaque village a un amine, chaque tribu un amine des amines, *amine-el-ouména*, qui représente tous les autres et auquel le commandant français transmet ses instructions.

Les Kabyles ne payent ni l'achour, impôt sur la récolte (la dîme), ni la zeccat, impôt sur les troupeaux; mais ils payent la lezma, impôt proportionnel de capitation, quinze francs pour les riches, dix francs pour la deuxième catégorie, cinq francs pour la troisième; les indigents ne payent pas.

L'autorité française s'est réservée la justice correctionnelle et criminelle, tout en permettant aux djemâas d'imposer, pour ces mêmes faits, les amendes prescrites par leurs kanouns aux délinquants. Les Kabyles ont conservé la justice civile et de simple police, qui est exercée par leurs djemâas.

Depuis 1857, la fidélité des Kabyles ne s'est pas démentie. Dire qu'ils aiment les Français serait aller trop loin peut-être; mais les idées des Kabyles se transforment, les merveilles de notre civilisation les étonnent, les perfectionnements de notre industrie les excitent à nous emprunter nos instruments aratoires, nos machines, nos modes de culture, et ils commencent à en apprécier les bienfaits; espérons qu'en présence du décret de l'empereur Napoléon III, qui leur assure la propriété de leurs terres, qui garantit l'inviolabilité de leur foyer, en contact journalier avec un peuple qui utilise leur travail et leur achète leurs produits à des prix rémunérateurs, les Kabyles se rapprocheront davantage de nous, et, associés utiles, intelligents, deviendront les auxiliaires fidèles de notre colonisation.

CHAPITRE XXXIII

THIFIKOULT. — FORT NAPOLÉON. — THIZZI. — OUZZOU

Nous avons traversé le col de Thifikoult, vallée étroite pressée entre deux montagnes qu'elle sépare et dont les parois, presque verticales, laissent rouler les torrents du haut des pics neigeux jusque dans les profondeurs des gouffres. Mais au fond de ces abîmes, quelles fraîches prairies s'étendent sur les bords des ruisseaux ! Quelle puissante végétation se développe à l'abri des ardeurs brûlantes de l'été et des glaces de l'hiver ! Les eaux limpides fécondent le sol ; les grands arbres d'essence forestière, pins, cèdres, frênes, mêlent leurs branches aux arbrisseaux des vergers. On se croirait, sous cette latitude africaine, dans une fraîche vallée de la Suisse ou du nord de la France.

Nous déjeunâmes à Thifikoult, au milieu d'une prairie, à l'ombre d'un grand frêne, sous lequel, avec une politesse toute sauvage, l'amin étendit son burnous ; et si M... trouva prudent de décliner l'honneur de s'y asseoir, j'eus moins de défiance, et mal m'en prit, car je lui empruntai quelques-uns des hôtes parasites qui le garnissaient ; et jusqu'au fort Napoléon, où j'entrai en chasse contre eux, ils vécurent à mes dépens. Quelques habitants du village nous avaient suivis, et, pour nous faire honneur, se placèrent en rond autour de nous, les uns étendus, la tête dans leurs mains, les autres assis, les talons rapprochés du corps et les deux bras autour des genoux ; quelques-uns enveloppés de leurs burnous, comme une momie de ses bandelettes ; ils nous regardaient en silence.

Nos provisions étaient abondantes, grâce à la prévoyance du majordome de Si-ben-Ali-Cherif. Aussi eûmes-nous l'excellente idée d'inviter tout ce monde à déjeuner. Ils ne se firent pas prier et se mirent à à jouer des mâchoires en gens qui rompent un jeûne

forcé ; puis nous continuâmes notre route, salués des salamalek de tous ces estomacs reconnaissants.

Nous marchions silencieux, gravissant les rampes, pendus aux crinières de nos chevaux, et, arrivés sur les sommets, je me retournais pour contempler la route parcourue et repaître encore mes yeux de ces beaux pays, de ces verts mamelons, de ces pics neigeux du Djurjura, que je quittais à regret, car je ne dois plus les revoir.

N'est-ce pas toujours ainsi dans la vie! L'homme, qu'une destinée heureuse ou fatale entraîne, ne laisse-t-il pas toujours derrière lui un regret de ce qu'il abandonne et n'a-t-il pas un vague effroi de ce qu'il va chercher!

Au détour du sommet d'Aboudid, dont l'accès est assez difficile, tout à coup apparaît, comme le décor d'un vaste panorama, la forteresse de Souk-el-Arba, nommée fort Napoléon, et située au milieu du territoire des Beni-Raten. Ce plateau était le centre où se réunissaient toutes les tribus voisines dans un marché tenu le mercredi et pour cela appelé Souk-el-Arba, marché du mercredi.

J'ai parlé plus haut d'une forteresse couronnée de bastions, armée d'obusiers à longue portée et destinée, sur ce piton élevé, à dominer toute la Kabylie du nord du Djurjura. Des hauteurs de la tour, on voit le territoire de toutes les tribus qui rayonnent à l'entour et dont elle est le point central. On domine la vallée du Sébaou, et dans le lointain on aperçoit les montagnes d'Alger. Ce point stratégique a été admirablement choisi pour tenir en échec ces populations remuantes des *Beni-Raten* et des *Beni-Yenni*, des Maketas, dont les villages s'étagent sur les mamelons voisins. Là où il n'existait qu'un pauvre marché kabyle a surgi une ville qui, tous les jours, prend de l'accroissement. Des casernes immenses, un hôpital desservi par ces admirables sœurs de charité qu'on retrouve partout, un boulevard bordé de marchands de toute espèce et paré de deux hôtels confortables, la maison hospitalière d'un honorable négociant, M. B...., qui nous fit, sans nous connaître, l'accueil le plus cordial, voilà ce qui a remplacé les tentes des marchands nomades.

J'ai aussi parlé de la route militaire qui relie le fort Napoléon à Thizzi-Ouzzou, tracée en suivant les crêtes et traversant la vallée de Sébaou. Tous les corps participèrent à ce travail. On raconte que les turcos, tirailleurs indigènes, se plaignaient de travailler aux tranchées et se trouvaient humiliés. L'un d'eux aborda

le général Renault avec cette familiarité particulière aux Arabes :

— Mon général, dit-il en langage sabir : *trabajar barout bono, trabajar terra makach!* travailler la poudre, c'est bien ; travailler la terre, non.

Le général sourit, et, caressant la joue du turco d'une tape amicale, il lui dit, dans le même langage :

— Faisons la route d'abord, et après nous travaillerons la poudre beaucoup (*trabajar barout besef*).

Le turco, satisfait, retourna au travail.

La route descend dans la vallée par des lacets faciles, puis traverse le village de Sikkou Medour, qui n'était autrefois que l'emplacement d'un camp français.

Bientôt le bordj de *Thizzi-Ouzzou* (le col des genêts épineux) apparaît. C'était une vieille construction turque ; c'est aujourd'hui une ville qui se fonde ; ce sera demain un centre important de commerce. Les Kabyles y apportent leurs olives, leurs figues, leurs raisins, emportant en échange du blé, des denrées ou des produits de notre industrie qu'ils commencent à apprécier.

Thizzi-Ouzzou est dans une vallée, car nous avons quitté les montagnes, et on les aperçoit déjà dans un lointain de quinze kilomètres. Il n'y a plus que des collines et des vallons ; en approchant de la mer, les terrains s'abaissent et descendent en pente douce jusqu'au rivage de Dellys. C'est encore la Kabylie, mais la Kabylie de la plaine, et les habitants indigènes ont les mœurs plus douces que leurs frères de la montagne. Mais avec les montagnes a disparu la puissante verdure des plateaux élevés; les arbres sont devenus rares, on ne rencontre plus que des champs de blé ou d'orge et de maigres prairies déjà grillées par le soleil de juillet.

Thizzi-Ouzzou, comme toutes les villes nouvelles, n'a de curieux que quelques ruines romaines sans importance, restes de ce squelette immense couché sur ce vaste pays, témoins muets de la puissante volonté, de la grandeur de ce peuple romain qui, voulant laisser partout où il avait passé l'empreinte de son génie, semait derrière lui des monuments, comme les jalons de la route parcourue. Nous nous y arrêtâmes quelques heures à peine; le lendemain, nous quittions Thizzi-Ouzzou, et, traversant au galop des quatre chevaux de notre diligence l'harrach, autrefois un marais insalubre, aujourd'hui un centre important de population, la Maison-Carrée, ancienne caserne turque, appropriée à une maison centrale de détenus arabes, nous arrivions en quatre heures à Alger. Notre voyage était fini.

J'en ai fini aussi avec ces souvenirs de voyage, semés de croquis que des mains plus exercées que la mienne ont rendus vivants et pittoresques, souvenirs qui ne brillent ni par l'intérêt du récit, ni par l'exhibition d'une science que je n'ai pas, ni même, peut-être, par l'observation ; mais j'aurai atteint mon but si j'ai intéressé à ce beau pays d'Afrique le lecteur indulgent, et je lui dirai en terminant, comme toutes les comédies espagnoles :

« Excusez les fautes de l'auteur. »

FIN

VOCABULAIRE

DES MOTS ARABES EMPLOYÉS LE PLUS FRÉQUEMMENT
DANS CE LIVRE

A

Abd, serviteur. **Abd-Allah.**, serviteur de Dieu.

Aïth, gens. **Aïth adrer.** les gens de la montagne.

Alib, lait frais, par opposition à **Leben**, lait aigre.

Aman, pardon, grâce; donner l'aman à une tribu.

Amin, espèce de chef de commune, le cheikh arabe; *pluriel* **Oumena**.

Agha, lieutenant.

Anaya, sauf-conduit, coutume kabyle.

Anha, moi; **Enta**, toi.

Arba, quatre; mercredi, quatrième jour de la semaine. Le Kabyles se reposent le dimanche, souvenir du christianisme; les Arabes, le vendredi, **Djemaa**.

Azib, enceinte de pierres où parquent les bestiaux.

Arak, tribu. Les tribus se divisent en tentes (**Bit**); réunion de tentes (**Douar**); réunions de douars (**Ferka**), tribu (**Arak**); plusieurs tribus, arrondissements (**Outhan**).

Ateuch. soif. **Bled-el-Ateuch**, le pays de la soif.

B

Bit, tente.
Bled, pays.
Ben, *pluriel* **Beni,** enfants.
Bou, père qui possède. **Bou-Maza,** l'homme à la chèvre.
Bab, *pluriel* **Biban,** porte.
Besef, beaucoup.
Barout, poudre à fusil.

C

Casbah, château fort.
Chaouch, agent du bureau arabe, bourreau.
Cheikh, chef de douar arabe.
Cherif, chef religieux.
Chabir, éperons.
Caoua, café.
Caouadj, cafetier.
Chechia, bonnet de laine rouge.

D

Darbouka, espèce de tamtam fait avec un pot de terre recouvert d'un parchemin.
Djedad, la guerre sainte.

Djelil, couverture de cheval.

Djebel, montagne.

Djemel, chameau.

Djemaa, mosquée, assemblée d'une commune.

Dachera, village kabyle.

Diffa, repas d'hospitalité.

Douar, réunion de tentes.

F

Ferka, fraction de tribu.

Fatah, prière qui se dit en certains cas déterminés, par exemple lorsqu'une assemblée vient de prendre une grande résolution, on récite le fatah.

Flissa, sabre kabyle.

G

Gandoura, chemise en coton; les Kabyles la nomment **Chelouka**.

Geubeli, le vent du désert.

Goum, contingent arabe au service d'un autre pays.

Gourbi, cabane en torchis ou en pierre sèche.

H

Had-el-Had, le dimanche; **Tnein,** lundi; **Tleta,** trois, mardi; **Arba,** mercredi; **Khémis,** jeudi; **Djemaa,** vendredi; **Sebt,** samedi.

Haïk, petit burnous sans capuchon.

Hadj, pèlerin.

Habous, biens voués à Dieu, à une mosquée, et inaliénables; le revenu peut en être détaché au profit d'un individu, de sa famille.

Haoud, cheval. **Djaoud,** cheval de race pure.

K

Kadi, juge musulman.
Kaïd, chef de plusieurs douars.
Kelb, chien.
Kelba, chienne.
Kodja, secrétaire.
Koubba, chapelle avec dômes.
Khalifa, lieutenant du chef du gouvernement.
Khielas, gendarmes indigènes des bureaux arabes.
Karouba, famille.
Khouans, frères, religieux.
Koberin, tombeau. **Bou-Koberin,** qui possède deux tombeaux.

L

Leben, lait aigre dont les Arabes font leur boisson.

M

Maza, chèvre.
Marabout, de **M'rabet,** lié à Dieu, religieux qui s'est voué à Dieu. On donne aussi, par extension forcée, ce nom au lieu où sont enterrés les saints.
Matrak, bâton ferré très en usage chez les Kabyles.
Makach, non, non pas.

Man'arph. Je ne sais pas; très-usité par les Arabes, qui répondent sans cesse ce mot à toutes les questions.

O

Oussiga, vengeance autorisée, vendetta.
Oukaf, recéleur kabyle.
Oued, rivière.
Ould, *pluriel* **Ouled,** enfants; n'a pas tout à fait la même signification que **Ben** et **Beni.**
Outhan, contrée, arrondissement.

R

Razzia, action qui consiste, en temps de guerre, à enlever aux ennemis hommes, femmes, troupeaux; a passé dans notre langue.
Redoua, demain.
Roumi, chrétien, vient de *romanus* sans doute.

S

Stara, couverture de selle.
Souk, marché.
Sebt, samedi, sept.

T

Thaleb, *pluriel* **Tolba,** savants, lettrés.
Tar, tambour de basque.

Tellis, grand sac de poil de chameau à besace.
Tebib, médecin.
Tleta, mardi, trois.
Tnein, lundi.
Thizzi, col de montagne ; en arabe **Tenia.**

Z

Zaouia, école, établissement religieux où l'on instruit la jeunesse.
Zekkat, impôt sur les troupeaux ; l'**Achour** est l'impôt sur les récoltes ; ordonnés par le Koran et considérés par les Arabes comme d'origine divine.

TABLE DES MATIÈRES

Dédicace. . . . . :

CHAPITRE PREMIER. — Alger. — Le cap Matifou. — Dellys. 1

CHAPITRE II. — Bougie. — Mohamed-ou-Amzian. — Mort de M. de Mussis. 15

CHAPITRE III. — Djigelly. — Stora. — Philippeville. 25

CHAPITRE IV. — Bone. — Le Lion. — Les M'zabites-Hippone. 31

CHAPITRE V. — La forêt de l'Édoug. — La panthère. — Le lion en Afrique. 41

CHAPITRE VI. — De Philippeville à Constantine. 49

CHAPITRE VII. — Constantine. — Le Sidi-Mecid. — Le Mansourah. — Le Coudiat-Aty. — Le palais du bey. — Les bains maures. . . . 57

CHAPITRE VIII. — Ordres religieux, les Aissaouas. — Les Khouans. . . 71

CHAPITRE IX. — La chute du Rummel. — Le tombeau de Præcilius. . 95

CHAPITRE X. — De Constantine à Sétif. — Le marché arabe. — Les visités de Dieu. 99

CHAPITRE XI. — De Sétif à Si-bou-Areridj. — Les villages de la compagnie genevoise. — Le douar. 107

CHAPITRE XII. — Le cimetière. — Une famille arabe en voyage. — Bou-Kteun. 125

CHAPITRE XIII. — La Kabylie. — Origines berbères. — Kebailes. — La pierre de Thugga. — Invasions. — Les Phéniciens. — Les colonies romaines. — Tacfarinas. — Les ruines. — Les Vandales. — Genséric. — Bélisaire. — Les Arabes. — Les Turcs. 137

CHAPITRE XIV. — Institution. — Gouvernement kabyle. — Ligues fédératives. — Dachera. — Djemaa. — Pouvoir exécutif en Kabylie. — Amin. — Les Kanoun. — Oukaf. 157

CHAPITRE XV. — Les marabouts. — Origine. — Les Maures d'Espagne. — Zaouias-Habous. — Bou-Kouberin. — L'homme au deux tombeaux. — Les Guelch. — Les marabouts-cherifs. — Les marabouts-derouiches. — Les amulettes. — Les miracles. — L'homme à la grosse dent. — Le miracle du colonel. 167

CHAPITRE XVI. — L'anaya. — La fausse monnaie en Kabylie. . . . 184

CHAPITRE XVII. — De Bou-Kteun aux Portes de fer. — Bibans. . . . 189

CHAPITRE XVIII. — L'oasis d'El-Haddj-Kaddours. — Les Beni-Mansour. — Le bordj. 199

CHAPITRE XIX. — Kalaa. 211

CHAPITRE XX. — Kalaa (suite). 225

CHAPITRE XXI. — Akbou. — Si-Ben-Ali-Cherif, agha des tribus Kabyles. 247

CHAPITRE XXII. — Le conteur arabe. 257

CHAPITRE XXIII. — La chasse au sanglier. — Le faucon. — La diffa. — La fantasia. — Départ d'Akbou. 267

CHAPITRE XXIV. — Chellata. — La maison d'Ali-Cherif. — La zaouia. . 281

CHAPITRE XXV. — La légende de la mort de Marie, mère de Jésus . 289

CHAPITRE XXVI. — Chellata. — Femmes et hommes kabyles. 301

CHAPITRE XXVII. — L'habaya d'un homme heureux. 321

CHAPITRE XVIII. — Départ de Chellata. — Le Col. — Le pic d'Azru n'hour. 339

CHAPITRE XXIX. — Paysages du pays kabyle. — Idylle. — Les femmes à la fontaine. — La source des moustiques. — La légende du Djurjura. — La poterie d'Iferaounen. 347

CHAPITRE XXX. — Abd-el-Kader en Kabylie. 363

CHAPITRE XXXI. — Abd-el-Kader en Kabylie (suite). 374

CHAPITRE XXXII. — Insurrection de Kabylie. — Le combat d'Icheriden. 385

CHAPITRE XXXIII. — Thifikoult. — Fort-Napoléon. — Thizzi, — Ouzzou. 399

VOCABULAIRE des mots arabes employés le plus fréquemment dans le volume. 414

FIN DE LA TABLE DES MATIÈRES

PARIS. — IMP. SIMON RAÇON ET COMP., RUE D'ERFURTH, 1.

www.ingramcontent.com/pod-product-compliance
Lightning Source LLC
Chambersburg PA
CBHW050915230426
43666CB00010B/2180